核兵器・宇宙戦争

岐路に立つ日本

長曽我部　久

装画　長曽我部 久
木版画「灯籠ながし」
装丁　トライ制作部

目次

第三章「核兵器廃絶運動」

第四章　核戦争は避けられるか

Never Again!

はじめに

被爆者による原爆の体験発表会は、全国各地で年々行われてきた。体験記やDVDもたくさんある。

熊本でもこれまで毎年機会があるごとに、被爆者の原爆体験中心の「**語り継ぎ**」を行ってきた。

しかし被爆者の高齢化によって、実体験を語れる人は減っている。

昨年秋、広島・長崎への修学旅行の事前学習として、小学校・中学校などで「語り継ぎ」を行った。

平和教育のためには、戦争のむごさや残酷さを伝えるための「**原爆語り継ぎ**」は重要である。しかし75年の経過の中で、個々の原爆の体験話だけでは風化の感は否めないことも事実だ。

平和教育も時代と情勢に即応して、歴史的知見と国際的視野で幅広く行われなければならない。

これからは学校教育の中での教育が中心にならざるをえないが、子供たちに何をどう話すか、さまざまな制約がある中で教育者の責務は重い。

教育者が学生たちに与える影響は大きいだけに、さらにいっそうの情熱と矜持が期待されている。

原爆被害については広島・長崎で学習できるので、今回は太平洋戦争と原爆投下に至る情勢と、核問題の現状認識などを中心として話してみた。

小5には少々難しいかと懸念したが、成長期の子供たちの想像以上の危機意識と理解力を感じた。ある小学校では10名あまりの質問があり、

「ぼくたちはどうしたらいいですか」

と言われ一瞬返答にとまどったことがある。

世界の平和は、国連中心と日本の主導性がポイントであることを指摘はしたが、正直に言うとそんな回答しかないことの無力感を覚えた。

これらの年齢の学生の思考力を知ることは、誠に有益である。

しかし素直で純粋な子供たちに、説明しきれない現実の矛盾だらけの状態はもう時間切れになってきたことを痛感したことも事実だ。

平和教育は未来を担う子供たちに平和の大切さを教えることであり、子供たちの生涯にわ

たって思想的影響を及ぼす。

残念ながら最近の国際情勢は益々緊迫し、**「新東西冷戦時代」**の到来とも言われている。

さらに核兵器に関する国際条約もすべてとん挫している。ミサイルや核兵器の技術はすさまじい進化をとげ、**核の脅威**が迫っている。

この情勢に、平和を求める新しい発想での対応が必要だ。

平和の大切さの認識を強め、平和を求めることの重要性が益々増している。

本書は、意識してわたしの知る限りの戦争体験と当時の状況を記した。

平和教育のために少しでも参考になれば本望である。

彷　　徨

第一章　原爆の「語り継ぎ」

一　太平洋戦争への道

明治開化以降、日清・日露戦争を経て日本は先進国への道を歩んだ。

欧米先進国が世界を植民地化して支配する中で、資源の無い日本は人種差別の壁に苦しみながらアジア大陸へ生命線を求めていた。

１９３９年、**ヒットラー**のドイツは、ポーランドに侵攻し第二次世界大戦が始まった。英・仏・ソ連などを敵に回した。

日本は１９４０年に**日独伊三国同盟**を締結する。英国と結束する米国は、日本への原油供給を停止した。

原油輸入の大半を米国に依存していたため、無謀にも経済力の差が10倍以上もある米国との開戦に踏み切った。

１９４１年12月8日、**真珠湾攻撃**と**マレー半島上陸作戦**を行い、**アジア太平洋戦争**は始まったのである。

緒戦は順調で**シンガポール陥落**、欧米諸国が植民地支配するアジアの国々や太平洋の島々を解放していった。

しかし日本海軍が**ミッドウェー海戦**で大敗し、太平洋海域の支配権を失った。島々に進攻した陸軍は、食糧・弾薬の補給も無く、多くの兵隊が餓えとマラリアで死んでいった。アッツ島に始まり、ペリリュー島、サイパン島、グアム島、硫黄島と全滅し、多くの兵士が戦死した。大本営は**玉砕**と表現した。

そして沖縄の全滅である。

2009年に地球一周の船旅で、太平洋を航海したときのことである。

蒼い海を眺めると、この周辺で艦艇と共に海底に沈んだ7人の叔父や親戚の人たちの顔が浮かんできた。

1944年、台湾以南はすでに連合軍の制海権になっており、父の300トンの木造船は台湾から日本に引き返すことになった。

伯父たちは、早く日本に帰りたいため父と別れてたまたま出航する汽船に乗った。

後日、ただ一人助かった社員が報告に来た。

「港を出てしばらくすると、満員の船倉は暑くて息苦しく、立入禁止のデッキに無断で出ました。その時敵の潜水艦の魚雷を受け、1～2分で轟沈しました。

海に飛び込み十数時間漂流し助かりました。船倉に居た人たちは助からなかったでしょう」。

アジア太平洋地域で、１５０万人を超す人々が亡くなったという。

戦死者で一番多かったのは、兵士よりも船員だったようだ。

二　原爆の開発と原爆投下

原爆の開発経過

1938年、ドイツのベルリン、**カイゼル・ウィルヘルム研究所**で、**ウラン原子**に衝撃を与えて、**原子核を分裂**させた。

核分裂による莫大なエネルギーに世界中の物理学者が驚く。

最初は原子力エネルギーの利用からスタートした。

1939年7月、ナチスドイツの**ヒットラー**は、兵器としての原爆の研究をスタートさせた。

1939年1月には、ユダヤ人の物理学者**シラード**が、ナチスドイツが原子力エネルギーを利用した原子爆弾の開発を先行したら世界は大変なことになると考え、師である**アインシュタイン**に相談してアメリカの**ルーズベルト大統領**に建言した。

ルーズベルト大統領はその爆弾の実用性を疑問視していた。

イギリスの**チャーチル首相**は《**チューブ・アロイズ**》という名の秘密の原爆開発チームをスタートさせた。ソ連も原爆開発に取り組み、スパイをイギリスに送り込んだ。

１９３９年９月、第二次世界大戦が勃発する。

１９４０年にはドイツ軍が欧州を席捲し、ロンドンは空襲をうけはじめた。

１９４０年春、イギリスの**チューブ・アロイズ計画**の学者**フリッシュ・パイエルス**が**ウラン２３５**を分離し原爆の小型化に成功、実用化の見通しがついた。

１９４１年７月、**チャーチル首相**は原子爆弾のもつ驚異的破壊力が戦争の行方を決する兵器とみなし、**ルーズベルト大統領**に、米・英共同開発を提案、スタートさせた。

その開発は極秘で「**マンハッタン計画**」と呼ばれ、数個の原爆をつくるために54万人の人員と20億ドルの巨費が投入された。

原爆の開発競争はナチスドイツとイギリス・アメリカが競い、ソ連や日本なども研究に取り組んでいた。

当初の原爆開発はイギリスが主導していた。その後アメリカに帰化した欧州の科学者も多く参加した。開発段階から、その破壊力を知る人々は、開発後の国際管理を提唱していた。

ドイツは原爆開発には多額の開発費を要するため、42年6月には開発を中止していたとの報道がある。

ドイツは45年5月はじめには敗戦した。

アメリカはドイツと戦争状態に入ってから原爆開発を始めたのであり、ドイツの敗戦によりドイツに対する「抑止論、対抗論」という原爆開発根拠は失った。

原爆投下への道

瀕死の日本に対する原爆使用が問題となった。多くの学者は原爆使用を日本に事前通告すべきだと主張した。

原爆は「**大量破壊兵器**」、「**無差別殺りく兵器**」としての評価だった。

当時米軍は戦闘能力も無く断末魔の日本に対し、連夜の空襲で日本の都市を焼き尽くした。**焼夷爆弾**で日本の木造家屋を焼き尽くし、子供や老人を見境無く蒸し焼きにした。

当時の陸軍長官**スティムソン**が、原爆一発で決着をつける発言をしたという。

戦闘力も無い大衆に対する連夜の**無差別爆撃**の継続に対する国際世論を懸念しての発言であろうが、原爆投下に至る経過はそんなに容易なものではなかった。

原爆開発はアメリカと英国、カナダが共同でスタートしたが、対ソ連政策の違いなどもあって紆余曲折している。

１９４３年１月、アメリカはイギリスに原爆情報をストップした。

イギリスは独自開発に踏み切り、カナダに工場を建設する。その後再び米・英共同開発に戻るが、その際「**ケベック協定**」を締結した。互いの合意なしに第三者に使用しないなどの取り決めである。

したがってアメリカは、原爆投下の前に両国に投下と投下目的の了解を得る必要があった。

7月16日の**アラモゴード**での核実験時には、日本が降伏の意思をソ連に伝えたことはすでにアメリカにも伝わっていた。それなのに原爆投下は必要だったのか。日本に事前通告は必要ではないか。多くの科学者が提言した。

大量破壊を目的とする軍事基地への投下か、無差別攻撃につながる都市への投下か、多くのことが議論され、イギリス・カナダ両国に通知された。

最初に原爆が投下された広島市は、軍事基地とは言えないだろう。市内には「被服廠」という軍服製造工場があるだけである。

日本の降伏条件「皇室維持」の受け入れ問題と、多額の資金を使ったことへのアメリカ国内での原爆使用要請が、悲惨な原爆投下への道につながる。

日本の状況を知らない**トルーマン大統領**に、広島には軍事基地があると説明して投下のサインを得たともいう。

まことに不明瞭な決定経過である。

アメリカは人種差別の激しい国であった。勤勉な日本人への差別はひどかった。**ルーズベルト大統領**は戦意の低いアメリカ国民に対し、日本軍の**パールハーバー攻撃**を非道な不意打ちとして煽り、多くの若者の徴兵に成功した。日本人を徹底的に悪者にした。

そして西海岸の日系人だけでも12万人を収容所に隔離した。

ルーズベルト大統領は終戦直前の4月19日に急死し、急きょ大統領となった**トルーマン**も、日本人に対して極度に人種的偏見をもっていた。

いずれにせよ無差別攻撃を承認した最終決定責任は、最終的には大統領である**トルーマン**に帰する。**原爆使用の道義的責任**の問題である。


「**焼き場の少年**」、「**焼き場に立つ少年**」とも訳されている写真がある。

アメリカ海兵隊員で、原爆投下の約1ヵ月後に長崎に進駐した**ジョー・オダネル**が撮った写真で、死んだ弟を背負って焼き場に来た少年である。

彼はその後**トルーマン大統領**付きの写真報道員になる。

ある時トルーマンに、

「どうして原爆投下にサインしたのか」

と質問したとき、**トルーマン**は真っ赤な顔をして、

「投下はすでに決まっていたことだ」

と言ったという。


前年に、**ルーズベルト大統領**と英国の**チャーチル首相**の間で調印された、「**米英原子力協定に関する覚書**」を意味しているとも考えられる。

原爆の開発に関わり、原爆投下の決定に合意した**ルーズベルト大統領**と**チャーチル首相**の責任も大きいことは言うまでもない。

弟の亡き骸を背負う「焼き場の少年」のポスター（ジョー・オダネル撮影）

原爆投下

1945年（昭和20年）8月6日8時15分、広島市上空600mで、**ウラン型原子爆弾**がさく裂した。

3日後の8月9日11時2分、長崎市上空503mで、**プルトニウム型原子爆弾**がさく裂した。

上空で爆発し、光と熱と衝撃波で破壊するところが、他の爆弾と原爆の違いである。

その惨禍は、人類史上かつて経験のない最大規模のものであり、両市とも一瞬にして焦土と化した。

広島では、全人口35万人のうち40％を超える尊い生命が消し飛ばされた。その死亡実数は、**放射線障害**などによる死亡が継続するため把握し難いが、**急性原爆障害**（原爆投下から年末までの約150日間）による死亡者は、少なくとも広島で14万人、長崎でも7万4千人と推定される。

最初の2週間で90％が死亡、以後、12月までに毎日100人以上が亡くなり、死亡した被爆者の数は2万人にのぼった。何とか生命をとりとめた数十万人も、症状に軽重の差こそあれ、さまざまな**原爆症**で苦しんでいたのである。さらにその後の後遺症を入れると、原爆による死者の数は倍以上になるという。

広島・長崎への原爆投下はさけられなかったか

原爆投下への経過

アメリカの原爆開発の経過を見ると、完成から投下までの時間差が少ない。しかも日本はすでに戦闘能力を喪失していた。

1945年

3月10日　**東京大空襲**で10万人以上死亡。前年より国内の主要70都市が空爆を受け、40万人が死亡。

3月23日　沖縄戦始まる。

5月8日　ドイツが無条件降伏。

6月22日　天皇が最高戦争指導会議で、「戦争終結に努力するよう希望」と表明。

6月23日　沖縄戦終結。

7月16日　ニューメキシコ州**アラモゴード**での核実験が成功。

7月26日　**ポツダム宣言**を発表。２日後日本は無条件降伏を拒否。
7月26日　原爆が**テニアン島**に搬入。
8月6日　広島に原爆投下。
8月9日　長崎に原爆投下。
8月15日　日本は**無条件降伏**。

ニューメキシコ州**アラモゴード**で核実験を行った日には、広島・長崎に投下されたリトルボーイとファットマンは、まだサンフランシスコ湾の艦船に積み込まれていた。このたった21日後に、広島に投下されたのである。

6月22日の天皇の終結表明も尊重されるべきであった。7月26日の**ポツダム宣言**の受諾がラストチャンスだったであろう。

もう少し早く降伏すれば原爆投下も、沖縄も、空爆の惨禍も無かったのにと悔やまれる思いがする。

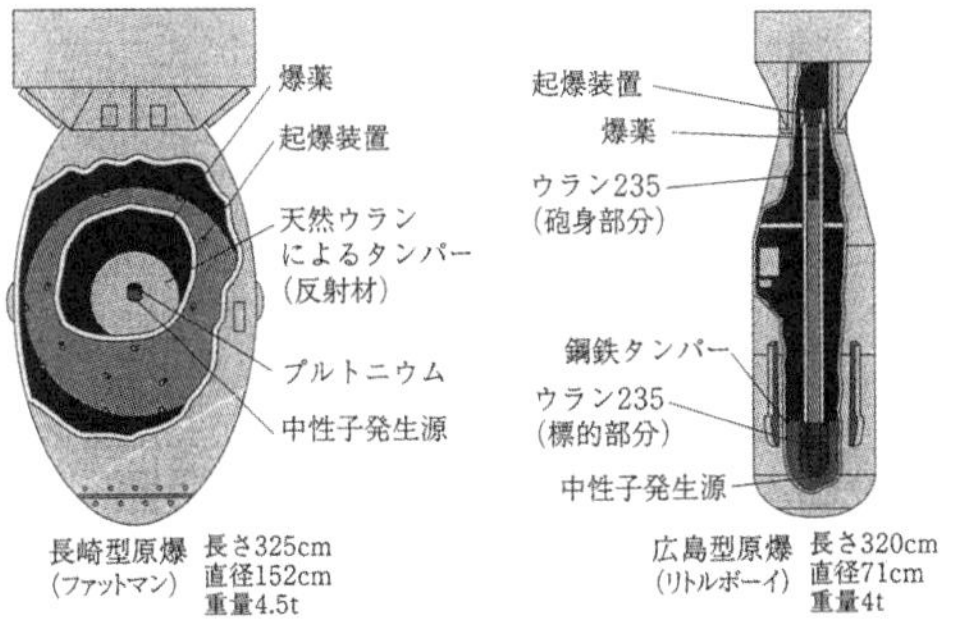

広島型原爆と長崎型原爆の構造図
（図説ヒロシマを世界に　から）

さらに、つぎの一文を紹介したい。

それはドイツの降伏（1945年5月8日）直後に米国がソ連に先んじて「ドイツ核研究所」からウラン鉱石を搬出したことと無縁ではない。それをアメリカ西海岸ワシントン州ハンフォード核施設に運び、ウランを精製し、ニューメキシコ州アラモゴードの砂漠で、初めての核実験に成功した。それまで何度も失敗していた米国の核開発がなぜ成功したのか。それがドイツの降伏の延長線上にあることを知る人は、世界でもよほどの専門家だけに限られる。

（**『オバマへの手紙**　ヒロシマ訪問秘録』　三山秀昭著　文春新書）

米国では、原爆を投下していないと日本軍は降伏せず、米軍の日本本土上陸作戦となれば百万人の兵士の死者が出ていた。原爆投下により、早期に戦争を終結することとどちらがよかったかと原爆投下の正当性を訴えた。

日本の被爆者の中には、米国が原爆投下を正当化する議論だとする人もいる。果たしてそうだろうか。

戦争末期には武器も無く、人命を犠牲にする**神風特攻作戦**が実行された。**特攻艇**や**人間魚雷**などの開発も進められた。

高校校長体験のある知人の体験談も貴重である。当時の状況を知るためにも後世に伝えたい。

「わたしは当時19歳の学生でしたが、**本土防衛隊**に繰入れられました。役割りはスコップでタコツボのような穴を掘って、中に入って待つのです。敵の戦車が来たら穴から出て、アンパン型のアンパン爆弾を、戦車の弱点である底板に付けるというのです。

しかし残念ながら、穴を掘るスコップも無い状況でした」。

若者たちは15~16歳になると**少年航空兵**とか**予科練**（海軍飛行予科練習生）を目指し、御国のために花と散るのは当たり前と考えていた。

戦闘能力が低下した日本海軍は、飛行機による米艦船への体当たりを敢行した。当初は成功し神風特攻隊は「カミカゼ」と言って米兵に恐れられた。陸軍航空隊も始めた。しかし米軍は特攻機の突入対策を進め、成功率は低下した。特攻艇とか人間魚雷なども開発された。

どれも若人の人命を軽視したたんなる犬死になっていった。

われわれも、終戦直前の国民学校からの下校時、カジキかサメのように頭のとがった米軍の戦闘機に機銃掃射を受けかけた。実際に機銃掃射を受けた同級生も居る。

数年前熊本市の郊外の田んぼの中の小さな集落に行ったとき、家の鴨居に弾痕が残っているのを見た。

米軍は**南九州上陸作戦**の準備を進め、熊本・鹿児島・宮崎三県のあらゆる地区をしらみつぶしに機銃掃射し、日本の反攻基地の有無を調査していた。

一つには、日本人の刀や竹やりによる**肉弾戦術**を、予想以上に恐れていたのである。

実際に体験した米兵の述懐を記憶している。

「24時間いつ攻めてくるか分からない恐怖感があり、緊張状態である。暗闇を陣地の近くまで這いつくばってくる。刀や銃剣を振り上げ、大声で叫びながら突入してくる。機関銃を打ちまくる。ばたばた倒れても、死をおそれない必死の形相は忘れることはできない」

これが武器弾薬も食糧も無く、投降を許されない多くの日本の兵隊たちの最期であった。

日本陸軍は、「**本土決戦**」、「**一億玉砕**」と言って最後の一人まで竹やりを持って戦えと言っていた。

原爆投下の正当化を認めたくはない。しかし日本は原爆が落とされるまで待っていたような、手をこまねいていた感さえする。落とされた側にも、自らの運命をまねいたという思考もあり得ると思う。

日本軍部の狂気が無用な犠牲を生み出したことも否定できないし、若い幾多の人命を粗末にしたことは許せない思いがする。

当時広島に居り、原爆を体験した新聞記者の一文に衝撃を受けた。

（大佐古一郎「広島　昭和二十年」）

「**鈴木内閣が総辞職した。阿南陸相は「一死をもって大罪を謝し奉る」の遺書を残して自殺。これは卑怯極まる行為だ。乃木大将の自決とは次元がまったく違う。陸相の自殺は独善に尽きる。軍人が簡単に辞任や自殺をして責任を回避できると考えているから、無謀な戦争を勝手な精神論をふりかざして始めることができたのだ**」

阿南陸相は無条件降伏した場合、軍部の反乱や暴走を止められないと考えたのであろう。

彼は天皇陛下の最後のご聖断が下るまで、戦争続行でがんばった。天皇の御意向を知り得る立場にあったうえでの行動だけに問題なのである。

結果は、反乱を策謀した高級将校や天皇陛下万歳と言って自刃したのは、ごく一握りの軍人に過ぎなかった。

終戦時の状況を実体験した人間として、あれだけの軍国主義国家が一日にして豹変する変わりざまは、人間への不信感を与えるものであり、人間の本質を知り得るものであった。

終戦の翌日には部隊を解散して帰郷する兵士で列車はあふれていた。大きなザックを背負っていたが、中は国民が見たこともない缶詰めなどの軍需物資であった。

今年も大手新聞社の被爆者アンケートがくるが、「原爆を落としたアメリカが憎いか？」といまだに聞かれる。そんな質問をする意図を疑う。

わたしの原爆体験

天を突く原子雲

家族は4人、父は広島市内の「被服廠」の横に家を建てた。しかし父が南方ボルネオのブルネイの石油開発に向かうため、家族の安全を考え、広島市の東北約20キロの八本松、今の東広島市に家を買い疎開していた。

戦況は悪く、太平洋はアメリカの潜水艦に制覇され、沖縄も全滅した。

石油開発機器を積んだ父の船は、台湾より先には行けず帰国、しばらくは軍の物資輸送に協力していたようだ。

原爆投下の1週間前に無事に帰宅した。

父は強運の男である。船は300トンの木造船であったが、それが幸いしたのかアメリカの潜水艦網をかいくぐり、無事帰国した。

船に機関銃を積み、**グラマン戦闘機**とも戦ったという。

すでに日本の敗戦を予感しており、

「日本は負ける。その時は割腹する。わしが死んだら骨を太平洋に撒いてくれ」

縁側でピストルの手入れをしながらつぶやいた。これを聞いたのはわたし一人だった。

広島市の陸軍省へ帰国報告すれば当分仕事は終わりだと言いながら、一日延ばしにしていた。

原爆投下の前日である8月5日午後、広島からS銀行支店長が来訪、3時ごろ帰られるという。父も同行することになった。わたしは門まで見送りに出た。父は忘れ物をしたと言い、わたしが走って取りに帰った。後で思えば今生の別れである。父も惜別の予感があったのではないだろうか。

当時わたしは国民学校3年生である。

8月6日午前8時15分、授業が始まったばかりの教室に閃光が走った。強力なマグネシウムを焚いたような光である。

数秒後「ドドドーン」と木造の校舎を揺るがすような、異常な地響きが伝わってきた。机にしがみついたような記憶がある。学級全員が窓際に走り寄った。

真夏の雲一つ無い青空の中を、真っ白いパラシュートがふわりふわりと落下しているのが目にはいった。広島市の方向である。

暫くすると、急にどす黒い煙が地上から立ち上がりはじめた。

何が起こったのかわからないままに、学校全員が近くの山に避難した。広島市方面の黒煙は地表の全てを吸い上げるように、中から外へ湧き出しながら、まるで生き物のように身をくねらせ、身もだえしながら天を突く勢いの**キノコ雲**となって上昇していった。いつまでもこの煙を眺めていた。

原子雲の映像を見るたびに、この下で父の肉体は焼けていたのだ。**「これは雲ではない」**。人々の肉体や家の焼ける煙なのだという思いをする。

その夜、母と六年生の兄とわたしは、八本松駅に父を迎えに行った。広島からの列車が着くと、服は焦げ、首筋や手などに火脹れのような火傷をした中学生らが降りてきて、広島駅が大型爆弾でやられたらしいと言う。広島市が壊滅したと言う人も居る。真相は分からない。列車のデッキには死体が横たわっている。

8月6日ついに父は帰らず、広島の状況は全く分からないため家族はみな不安だった。列車も途中までで不通だという。母は翌朝役場が広島市へトラックを出すと聞いてきた。

父を捜して

7日朝早く母は出掛け、夜遅く帰ってきた。真っ黒になりくたびれ果てた顔をしていた。壊滅した広島市内を、父を捜して歩き回ったのである。

母は当時29歳、一人では心細かったであろうし捜し出すことの困難さを感じたのだろう。翌日だったと記憶するが、兄とわたしも同行することになった。わたしの記憶では8月8日である。朝まだ暗いうちに、握り飯を持って役場の出す木炭で走るトラックの荷台に乗った。

わたしの記憶に脈絡は無い。脳裏に焼き付いた瞬間的映像が浮かぶ。一面の焼け野原、ガレキの山、まだ燻っている。焼け焦げて、炭化したような死体がある。死体を焼く煙もあるようだ。出会う人々はボロボロの服に真っ黒の顔だ。頭髪は焼け、皮膚は火傷で赤黒く腫れ上がり、血だらけで皮を垂らしてトボトボと歩いている。私たちと同じように肉親を捜しているのだろうか。じりじりと焼け付くような暑さの中を、父を捜し求めて歩く。

暑い。臭い。吐き気がする。地面やむしろの上に並べられた人たちは、生きているのか死んでいるのか区別もつかない。父は183センチ、当時では巨漢であったから、大柄の怪我人や遺体を確認して回るのである。

仮設救護所では、あまりにも無惨な光景を少しでも見せないようにとの母の気遣いからか、離れた位置で待たされるのだが、呻吟の声は伝わってくる。苦痛の声だろうか、水を求めてだろうか。

わたしが翌日も出掛けたかどうかの記憶は無い。とにかく一日か二日でダウンした。発熱・嘔吐・下痢が続き数日寝込んだ。母と兄は毎日出掛けた。

数日後、全く偶然に、父が泊まっていた宿の奥さんに出会ったそうだ。爆心地から1.2キロの弥生町である。

奥さんは台所で朝食の準備をしていたという。突然の爆風で、気が付くと表に立っていた。家は壊滅し、隣の高い建物が倒れてきた。砂塵で視界も悪く方々から火の手があがり、命からがら逃げたそうである。

翌日、母だけが近所の人数人の応援を得て、スコップを持って出掛けた。夕方、母を先頭に、白布で包まれた箱を首から提げて帰ってきた。

父と隣室に居たという会社の部下は、同じ場所で遺骨となって発見された。倒壊した家屋の下で、どんな状況だったのかと思う。

母に見せられた骨の入った箱には、完全に白く焼けた骨とともに、無惨にも焼けてボロボロになった父愛用の8角形の腕時計と、金歯が入っていた。これらが身元確認の証となった。死を確認できたのは、まさに僥倖と言わざるを得ない。肉親の死を確認できない方がほとんどだからだ。みな「**行方不明**」である。現在でも半数近くの人が遺体を確認できていない。

父の遺言である太平洋での散骨は、なかなか実行できなかった。

２００９年に地球一周の船旅に乗船し、台湾を越えた太平洋の真っただ中で、墓の周りの土と、好物だった酒・たばこを供え念仏をとなえた。

父の死から64年経過していた。

母の原爆症

政府の定める基準によると、わたしたち親子は「**原爆投下より約100時間以内に爆心地から約2㎞以内に入市した者**」という2号被爆の「**入市被爆者**」となる。

これは核爆発によって発生した**初期放射線**の残留時間を100時間と見ているからだろう。**初期放射線**は空気中の粉塵や微粒子に付着して**残留放射能**となり、生きている限り体内に残留する。その**残留放射能**の影響は考慮されていない。

母は原爆投下の翌日から約一週間、毎日市内を歩き回った。早婚だった母は29歳での被爆であった。

3〜4年後にガンの手術を受けた。二児を抱えて未亡人となった母のガンは、手遅れだと言われたが助かった。

しかしその7〜8年後再びガンに罹った。それでもまた助かったのは、二人の子を残して逝けないという執念のような気がする。しかし母は、最期まで高血圧や白血球減少などで苦しんでいた。

同じように入市した伯父も、4〜5年後にガンに罹った。伯父は42歳くらいの発病だったろう。ほどなく亡くなった。

兄も50歳代でガンに罹り、8年の闘病の末に亡くなった。

わたしは、入市後しばらく体調不良が続いた。10日ほど後だっただろうか、右足の向う脛が倍ほどに赤黒く腫れ上がり、手術した。命に別状はなかった。

少年期は貧血気味で青白い顔で、咽が弱く、「咽頭炎」といわれた。社会に出てからも、ときたま吐き気をもよおすことはあった。

三　原爆被害

原爆の恐怖

原爆のことを「ピカドン」という。

ピカッと光ってドーンと地響きを立てたからである。この光は、一瞬にして中心部が100万度の高熱を持つ火の玉となる大爆発である。

爆心地では3，000～4，000度と言う高熱を伴った**熱線**であり、瞬時にあらゆる物体を溶かし焼き尽くす。周辺に居た人々は服を通してまで焼かれ、柘榴のような赤い身を剥き出し、枇杷を剥いたように皮をたらす。骨も露出する。

ドーンという音は**衝撃波**である。**熱線**を伴った**衝撃波**は、直下では秒速440メートルにも達するという。強烈な爆風となってすべてを吹き飛ばし焼き尽くした。人間は何十メートルも吹き飛ばされ、布団綿や瓦片は十数キロ離れたところまで届いた。石垣や吹き溜まりになる場所には、大勢の人が吹き飛ばされ、死体が折り重なった。橋げたにも多くの死体がぶら下がった。

飛び出した目玉を垂らして、ふらふらと歩いている子供もいた。**衝撃波**で目玉が飛び出し、腸が飛び出すのである。

街全体が火災となって燃え上がり、熱さに耐

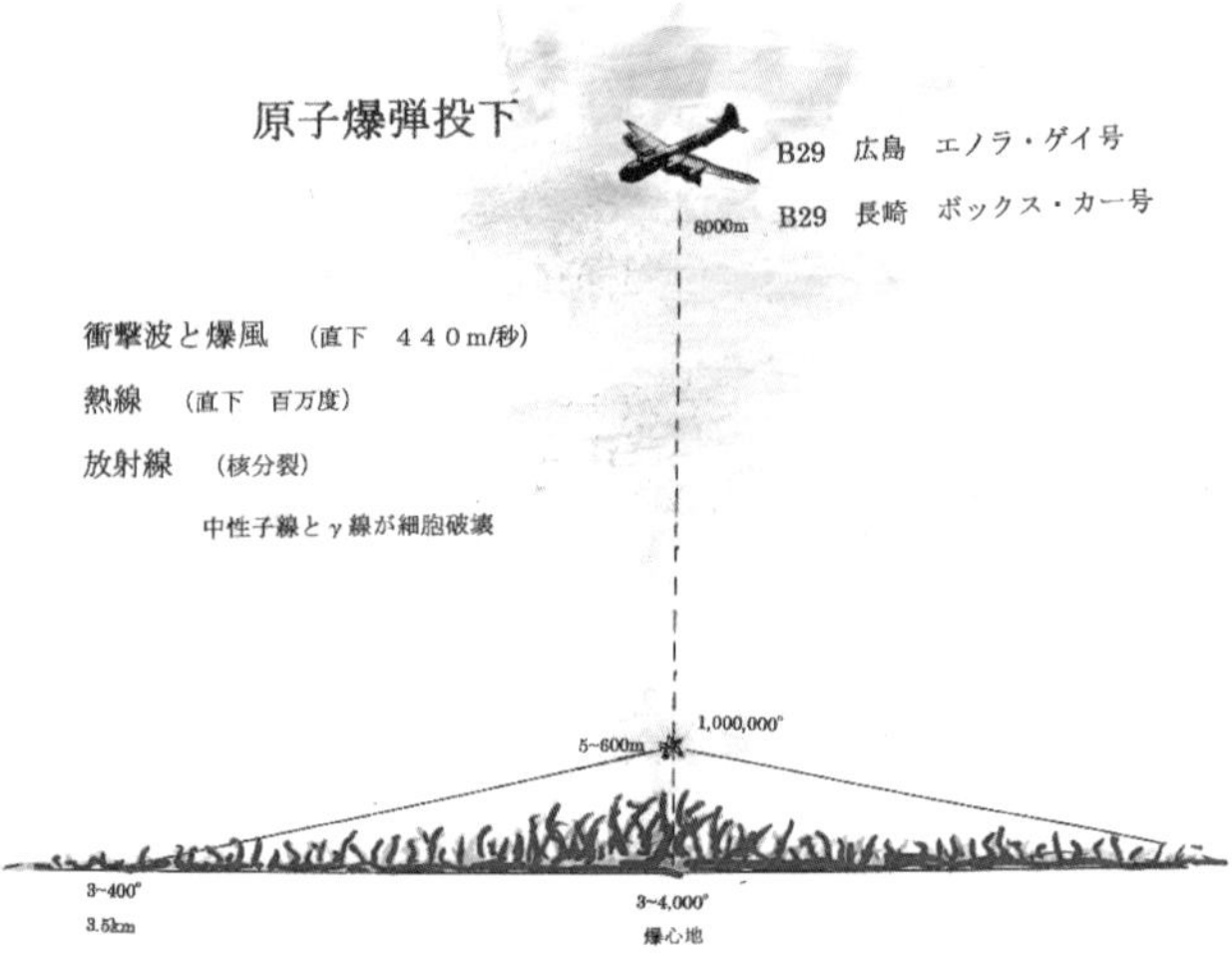

えかねて、人々はどんどん川に飛び込み死んでいく。

生きていても服は剥がれて裸同然になり、火傷で皮膚は垂れ下がり、赤黒く腫れ上がる。飛び散ったガラス片は体中に突き刺さった。傷口に付ける薬も無く、化膿して白い蛆が湧き、ポロポロ落ちる。

すべてを高熱と**衝撃波**で焼き尽くした黒煙は、おはじき大の黒い雨粒を降らし、原子雲はキノコ状となって天空1万6千メートルまで上昇していった。

被爆後日がたつにつれて、被爆者は治癒に向かうどころか、重い症状を伴った**放射線障害**が目立ちはじめた。放射線は細胞を破壊する。2週間を過ぎたころから、骨髄障害、脱毛、発熱、口腔咽頭病変、血性下痢などが被爆者を苦しめた。この放射線による大量出血傾向、白血球減少、それに伴う感染に対する抵抗力の減退が、被爆者を死に至らしめた。

被爆者の悲劇

8月6日に広島、9日に長崎に投下された原爆は世界中から注視され、その結果に対する関心も高かった。そしてその惨状が報告された。

最初は、**マルセル・ジュノー博士**（赤十字国際委員会駐日首席代表）が、9月2日に東京で受け取った。広島の惨状調査のため派遣したビル・フィンガーからの電報である。（大佐古一郎『ドクタージュノー武器なき勇者』新潮社1979年）注　以下引用は原文どおり。

三〇日広島着。恐ルベキ惨状ナリ。町ノ八〇％ハ壊滅、全病院モ破壊マタハ損害ヲコウムル。仮設ノ二病院ヲ視察ス。ソノ惨状ハ筆舌ニツクシガタシ。

爆弾ノ威力ハ壮絶ニシテ不可思議ナリ。回復シタカニ見エル多数ノ犠牲者ハ、白血球カナニモノカノ崩壊アルイハ創挫傷ニヨリ、突如、致命的ナ再発ヲキタシ、相当数ガ死亡ス。オヨソ十万以上ノ負傷者ガイマダ市周辺ノ仮設病院ニアリ、マタ機材、包帯、医薬品モ完全ナ欠乏状態ニアリ。連合軍上層部ノ特命ヲ厳重ニ要求シ、直チニ町ノ中心部ニ救援ノ落下傘ヲ投下スルヨウ要請サレタシ。

緊急用品次ノゴトシ。火傷用包帯。綿花。軟膏。するふぁみどオヨビ血漿ト輸血用機材。以上緊急行動ヲ要ス。マタ医学調査団モ派遣サレタシ。報告ヲ継続ス。受信確認を乞う。

9月3日、連合国記者の一人として、広島入りしたウイルフレッド・バーチェット（ロンドンの『デイリー・エキスプレス』特派員）も、9月7日東京にもどり、帝国ホテルで記者会見を行っていた**ファーレル准将**（**マンハッタン計画**の副責任者）らにたいし、広島の病院で見た被爆者の惨状を伝えた。

彼は、日本の医師たちが、被爆者たちを治療する能力がなく、または、正しい薬物治療ができないで途方にくれていることを力説し、アメリカ人医師団による被爆者の救援を要請した。（「原爆犯罪」より）

9月5日付でロンドンの「デイリー・エキスプレス」に載ったウイルフレッド・バーチェットの「**広島レポート**」は世紀のスクープとなった。

ファーレル声明

しかし9月5日、**GHQ**（GENERAL　HEADQUARTERS　連合国軍総司令部）はすべての海外特派員に対して、GHQが発行した特別通行証がないかぎり、広島・長崎への立入りは許さなかった。

そして9月6日に**ファーレル准将**は帝国ホテルで海外特派員に向けて公式発表をしている。

原爆放射能の後障害はありえない。すでに、広島・長崎では原爆症で死ぬべきものは死んでしまい、9月上旬現在において、原爆放射能で苦しんでいるものは皆無だ、と。

しかし、このとき、広島と長崎では、毎日、100人を超す被爆者が苦しみ悶えながら死んでいき、また何万という被爆者が、救護所で治療を受ける医薬品も無く、**原爆症**の苦しみにあえいでいたのである。

これ以後、アメリカの被爆者政策はこの**ファーレル**声明の線にそって進められ、被爆者の存在は社会から隠されてしまった。

ファーレル准将ら米軍は、9月8日に日本占領後はじめて広島・長崎へ調査団を送り込み、原爆の性能・被害・影響の全てにわたって調査した。そして予想していたとはいえ、その被害の大きさや非人道的な結果に驚き、15トン（ペニシリンを含む3トンの医薬品は輸送中に盗まれた）の医薬品、衛生材料を広島に運んだ。その後アメリカが医薬品等を送ったという記録はないという。

原爆報道禁止令

9月15日になると、**GHQ**は日本での言論統制を始め、新聞・ラジオに対する100％の検閲を実施、広島・長崎の地獄絵図が世界に伝えられるのを食い止めようとした。

9月19日に**GHQ**による「**原爆報道禁止令**」が出される。**残留放射能**によって次々と亡くなっていく被爆者や、**放射能障害**やケロイドで苦しむ被害者の実態が表面化せず、全世界で**残留放射能**の脅威は薄められ、その後世界中で行われる2，000回を超す核実験で、実験に携わる各国の兵士や原住民が**放射能障害**を起こすことになる。

11月3日には、日本の科学者が持つ原爆資料を没収、医学的研究を含む原爆の研究を禁止した。

実状を調査した米国の調査団（**原爆障害調査委員会ABCC**）は、全てのデータを米国に持ち帰った。

ABCCの被爆者調査は、その後広島・長崎で永年にわたり継続しているが、治療を期待する被爆者に対し、データ採取だけであった。

日本政府の責任

日本政府の責任も重大である。政府は広島に投下された爆弾が原子爆弾であることを、翌7日未明のアメリカ大統領トルーマンの声明を傍受して知った。直ちに調査団を派遣、正式に原子爆弾であるとの「判決」を下したのである。しかし、日本国民に対しては、戦意の喪失を恐れて、新型爆弾とのみ発表、広島・長崎の被害については、過小にしか報道させなかった。

被爆者に対する救援としては、一般空襲を想定した「**戦時災害保護法**」を適用したのみで、特別の救援措置は講じていない。しかも「**戦時災害保護法**」による救助自体、2ヵ月間の無料医療手当が受けられるものであるが、医薬品は欠乏し、大方の病院、救護所は破損しているという状況であった。

日本政府は悲惨な状況にあった被爆者に対し、具体的、積極的な救援は一切していない。占領してきたアメリカや、赤十字国際委員会にも援助を求めていない。

それどころか、唯一の2ヵ月の「**戦時災害保護法**」さえも、事情による延長が認められるにもかかわらず延長せず、広島では10月5日、長崎では10月8日をもって、国および地方自治体による救助措置が打ち切られ、すべての仮設病院や救護所が次々と閉鎖されていった。

追い出された被爆者たちは、傷ついた身体を休める場所を見つけることは困難だった。

家を焼かれ、家族や知人も失った被爆者は、食料も無く、治療費も自己負担となった。治療費を捻出するために売る土地や家屋がある人々はまだしも、大半は、医師個人の献身的な努力で、かろうじて最低限の治療を受けたのである。

原爆投下後その犠牲の大きさに悔いた関係者の話は聞く。しかし同様に投下後傷ついた被爆者を放置したことも人道的に許されることではない。
重大な責任がある**投下後責任**である。

第五福竜丸の被爆

原爆投下から9年後の1954年3月1日、西太平洋マーシャル諸島**ビキニ環礁**で、米国によって世界最初の水爆実験が行われた。
日本のマグロ漁船「**第五福竜丸**」が160キロ離れた位置にいたが、水平線上南西で閃光があり、数分後に爆音がとどろいた。3時間後には白い灰が落下して甲板をおおった。2～3日後、全乗組員が頭痛やはきけを訴え、皮膚の水ぶくれや頭髪の脱毛を起こす者が出た。
焼津港に寄港後**原爆症**と認定された。乗組員の一人、無線長の久保山愛吉さんが6ヵ月後の9月23日死亡した。**第五福竜丸**はアメリカの発表した禁止区域から64キロも離れていた。アメリカ政府は遺憾の意を表するとともに補償を行った。この事件は「**死の灰**」という言葉を生んだ。
これを契機として**原水爆禁止の署名運動**が始まり、3千万人の署名を集め、日本の世論は原水爆禁止へと大きく盛り上がった。

そしてこの運動は世界中に広がった。

1955年8月6日から広島で「第一回原水爆禁止世界大会」が開催された。1956年には広島県で「広島県原爆被害者団体協議会」、長崎県で「長崎原爆被害者協議会」が発足した。同年8月、「日本原水爆被害者団体協議会」が誕生した。

被爆者の医療給付開始

被爆者たちは「**原水爆被害者援護法**」の要求に立ち上がり始めた。

原爆投下から12年、1957年にやっと「**被爆者医療法**」が制定され、国による被爆者への医療給付が始まったのである。しかしこれは、爆心地から半径2キロ以内の被爆者や、放射線に起因したと認定された被爆者に限定されていた。

この12年間に苦しみ死んでいった被爆者たちは、ろくな医療手当ても受けず補償も無く、亡くなっていったのである。

被爆者や広島・長崎の両県・市などから特別措置を求める強い声があがり、**放射線障害**などで苦しんでいる被爆者を援護する目的で、1968年5月に「**被爆者特別措置法**」がつくられ、**健康管理手当**、**特別手当**が創設された。

しかし医療特別手当に関しては、**放射線起因性**の審査基準が厳しく、**原爆症認定者**は**被爆者健康手帳**を支給されている中の1%程度にすぎなかった。

ガンに罹っても**原爆症認定**が受けられないという点が被爆者の不満として、後々の**原爆症認定集団訴訟**につながっていったのである。現在もまだ**第二次原爆症認定集団訴訟**は継続している。

被爆者は生きている間、いつ発病するかもしれない恐怖の中で生き、子供や孫に影響するのではないかと危惧してきた。また被爆者であることを知られると、さまざまな差別を受けてきた。

顔や身体が火傷でケロイド状になり、見る目も無惨で原爆症が人に移るともいわれ、敬遠された。

肉体的にも精神的にも苦しみ、**あの時死んでしまえば楽だった**という思いの被爆者は多い。

被爆者であることを隠し、被爆体験を家族にも話さない人も多い。

いまだに、**被爆者健康手帳**を申請しない人も居るし、手帳を取得しても手当を申請しない人は8%は居る。

多くの被爆者の収入は少額の年金だけであり、医療費の助成や毎月3万円余りの**健康管理手当**の支給に感謝している。

しかしガンなどで**原爆症認定申請**をした場合の認定が厳しく、放射能が有害であることは認めても、病気と**放射線起因性**が証明できないとして却下されてきたのである。

第二章　核兵器の被害

一　放射能被害と人体への影響

戦争とは、相手国よりもより破壊力の大きい兵器の開発競争なのである。そして**大量破壊兵器**は作り出される。

無差別殺りく兵器という点については、使用方法にもよるが、国際法上からも大きな問題がある。

それと原爆の功罪を判断するとき、開発段階で携わった科学者たちが、生き残った被爆者への放射能の後障害を予知していたかどうかが大きな判定要素となる。

後世にまで影響を及ぼす可能性がある放射能障害を承知の上で、核兵器を使用したとしたら、人間として許される行為ではない。

この情報封鎖は**放射能被害**を隠蔽し、被爆者を地獄に追い込むことになるとともに、残留放射能の危険性に対する世界各国の対応判断を誤らさせることになった。

投下後1ヵ月以内に広島・長崎に米軍を進駐させていることから、**残留放射能被害**を懸念していたとは思えないが、これらの兵士に対し1988年に、米国政府は「放射線被曝退役軍人補償法」を制定し補償している。

初期放射線と残留放射能

核分裂は**ウラン２３５**が熱中性子を捕獲して、２個ないし３個の中性子を放出して、２個の原子核に分裂する現象。核分裂はつぎつぎに連鎖反応を起こす。

一時に起こすのが原子爆弾、制御しつつ進行させるのが原子炉。核爆発によって発生する放射線は、**初期放射線**（爆発時に放出した放射線γ線と中性子線）と**残留放射能**である。原爆に**直接被爆**した人々は**初期放射線**を受け、細胞を破壊し死に至る。

放射能障害とは

放射能障害とは、電離放射線の被爆により生じる健康障害のことをいう。

原子核が放射線を放出して、より安定な原子核へと自発的壊変（崩壊）する性質またはその現象を放射能という。

放射能と放射線とはよく混同して使われるが、放射能は原子核のもつ性質であり、放射線は放射性原子核から放出される粒子あるいは電磁波のことである。

原子爆弾が核分裂によって炸裂すると、強烈な**光**と**初期放射線**を発射し人体を通過する。

内部被曝

衝撃波・爆風によって空気中の微粒子に付着した**放射性降下物（放射性微粒子）**は、呼吸する人体に侵入したり、食物を通じて体内に蓄積する。

「**放射性物質**のうち最も危険な物質はプルトニウムが放出するα線であり、トロトラスト肝障害を起す。ヨウ素は甲状腺に集まり、セシウムは尿管上皮、膀胱に集まる。

低線量の放射線はＤＮＡに異変を与える。普通の人の場合、遺伝子が一回壊されただけでは簡単にはがんにならない。第一段階の異変が入って、第二段階の異変が入る。60年、70年、80年と、多段階の異変を経るにつれて、がんが増えてきます。」（『内部被曝の真実』幻冬舎新書　児玉龍彦著）

外部被曝

外部被曝とは大気中に飛散した**放射性物質**が気流に乗って広く散布され、人間は肌への付着や呼吸によって体内に吸収される。飛散した**放射性物質**が地表に降下し、雨水によって排水溝や特定の部位に集積され、放射線を発散する。これも**外部被曝**である。

内部被曝問題は最大の課題

広島・長崎の被爆者補償問題は解決されず、75年後の今日まで延引されてきた。放射能の影響については、いまだに未解明な点が多い。その一因に、放射能の影響度が理論的に解明されていないことがある。解明するためのエビデンスも少なく、長時間かかるためである。現段階では、放射能の影響については未知の分野である。

低線量放射線の人体への影響として、ＤＮＡに異変をあたえることは知られている。汚染された帰還困難区域などでの動物への影響調査も進んでおり、放射能による**染色体異常**の発生などが発見されているようだ。

福島の避難地域で、野生のハクビシンやうぐいすを調査したところ、**内部被曝**による放射能が脳にたまり、頭部が変色したり脱毛している。つまり**内部被曝**の影響があるエビデンスである。

広島でも直接放射線を受けていない人とか、基準距離を大幅に超えた人が**原爆症**で死んだとか、説明しきれないケースも多い。これらの事実がＮＨＫ報道スペシャルで全国へ報道されている。

しかし、**内部被曝**を政府や厚労省は否定している。放射能の影響は認めても、放射能との因果関係が医学的に証明できなければ**原爆症**として認定できないと言う。

では、現在の原爆症認定の基準はどうして設定したのか、説明が必要である。

原爆投下の何年後かに、市内のどこかの地点で戦後の建物の地下を何カ所測定し、どれだけ放射能が残留していたかを距離別に類推設定したという。

こんな信頼性の低いデータで基準を定め、被爆距離が１００m超えても入市が1時間オーバーしても申請は否認される。

これが原爆症認定申請者の運命を決定しているのだから、明確にする義務がある。

75年経ってもいまだに裁判が続いていることに対して、世間では被爆者の金銭目当てだと偏見を持つ人もいる。

長年病気で苦しみ、原爆被害だと耐えてきた人が、裁判で「あなたは原爆症ではありません」と否認された時のショックは見るに堪えないものがある。

麻生総理大臣が約束し、引き継いだ菅・安倍総理大臣になっても未だに履行されていないのである。

　これは日本国内だけの問題ではない。世界の国が注視している。世界の被爆者が注視している。「核兵器禁止条約」が国連総会で１２２ヵ国もの賛同を得て採択されたことでもわかる。

二　放射能の恐怖

原子爆弾　悪魔の兵器と言われる理由

衝撃波・爆風
直下440m／秒
↓
圧焼死
建物の下敷き、
生きながらの焼死

熱線・光
100万度の火球、
直下3,000〜4,000度
↓
焼死
原爆火傷
光が細胞・血管を破壊

放射能
放射能障害
↓
急性原爆症
被爆基準の距離・時間外
でも死亡

放射能 →
- **初期放射線**（空中放射線）人体を一度通過するだけ
X線、γ線　細胞破壊、血液が変質　地上の物質に残留放射能
- **残留放射能**（放射性降下物、放射性微粒子）
黒い雨　フォールアウト　粒子線　α線　β線

内部被曝／細胞ガン化
外部被曝／体内に備蓄しDNA遺伝子を傷つける

放射性物質と半減期

・ヨウ素131 …………… 半減期8日　甲状腺ガン
・ヨウ素133 …………… 半減期20時間
・セシウム134 ……… 半減期2年
・セシウム137 ……… 半減期30年　膀胱ガン
（自然界に無く核爆発によって発生）
・ストロンチューム…… 半減期29年　ガンや白血病
・プルトニューム…… 半減期2万4千年　20km圏内
α線　トロトラスト　肝臓ガン

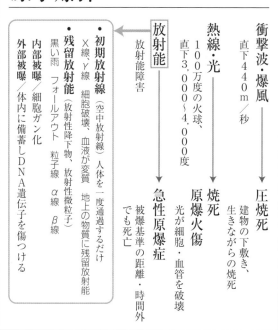

三　被爆者の区分

「被爆者」の定義

「被爆者援護法」とは、1995年に施工された「原子爆弾被爆者に対する援護に関する法律」である。

国は次のどれかに該当し、**被爆者健康手帳**を受けた人を「被爆者」と定めている。

原爆被爆者健康手帳支給区分

一号　直接被爆者

原爆が投下された際、広島市・長崎市および政令で定められた隣接するなどの一部町村に在った人。

（原爆症認定基準では約3．5㎞以内が原則）

二号　入市被爆者

原爆が投下されたときから起算して、2週間以内に、政令で定める区域内に立ち入った人。

（原爆症認定基準では、約１００時間以内に同約２キロ以内に入市）

三号　死体の処理及び救護にあたった者等放射能の影響を受けるような事情の下にあった人。

（被爆者の死体処理や救護にあたり、放射線に触れた医師や看護婦等）

四号　**胎内被爆者**

（被爆時被爆者の胎内に居た者）

学校での質問と感想の中で、つぎの２点に驚きがあった。

１　被爆者が４種類あることに驚いた。

２　被爆しなくても、救護のときに触れて被爆したこと。

教師と子どもの像

第三章　「核兵器廃絶運動」

近代の戦争は、兵器の技術的進化に伴い攻撃目的によって兵器が使い分けられる。その特徴は、ミサイルによる**遠距離目標の攻撃**と、兵士の損耗を防ぐ**無人化兵器**の使用である。地上戦とか航空機による攻防とは別に、戦略的・戦術的に特定目的の破壊を意図する**ミサイルやドローン兵器**による攻撃であり、その防御である。

一　ミサイルの種類

核兵器は、核弾頭とそれを目的地へ運ぶ**運搬手段**の組み合わせである。

核兵器

ＩＣＢＭ　**大陸間弾道ミサイル**

Intercontinental Ballistic Missile

戦略核　５，５００km以上

ＩＲＢＭ　**中距離弾道ミサイル**

Intermadiate-range Ballistic Missile

中距離戦術核　２，０００～６，０００km

ＳＲＢＭ　短距離弾道ミサイル

Short-renge Ballistic Missile

小型戦術核　５００～７００km以下

ＳＬＢＭ　潜水艦発射弾道ミサイル

Submarine-launched Ballistic Missle

ＳＬＣＭ　海洋発射巡航ミサイル

Surface ship launched Cruise Missile

中距離ミサイルや核弾頭を搭載

運搬手段

ミサイル搭載

潜水艦・艦船搭載

戦略核爆撃機搭載

ミサイル防衛

現在日本のミサイル防衛体制は、次の3点である。

1　地上の地対空誘導弾パトリオットミサイル「PAC3」

2　地上配備型迎撃ミサイルシステム「イージス・アショア」

3　「イージス艦」

これらの装備の防御能力について、日々進化するミサイル技術に対応できるか疑問である。攻撃技術と防御技術のせめぎあいである。

兵器が高度化するにしたがって、攻撃と防御の区分が不明瞭になっていく。

現在「イージス・アショア」開発方針の中止が問題になっているが、無力化するのが明確だとすれば、莫大な資金投下が許されないのは当然である。

日本の防衛をどうするか、日本人自身が考えねばならぬ時代になってきたと言える。

二　新兵器の出現

最近の例では、無人飛行機から発射されたミサイルによって、イラク軍の将軍が殺害された。驚くべきことは、この一連の操作はワシントンのビルの中で画像を見ながら操作されたということだ。

小型戦術核もミサイル技術の進化と軽量化によって**飛行範囲**が広がった。

広島型原爆の5分の1から5倍までの小型戦術核の威力は、**戦争の形態を変えつつある。**

戦略核重点の「核兵器廃絶」思考は変換せざるを得ない。

各国とも重要軍事機密の部分はあるが、次々と新兵器が発表される。

1　原子力ミサイル

燃料補給不要で24時間回遊する。

宇宙空間回遊ミサイル

深海回遊原子力魚雷

2　高出力レーザー・電磁波を使った新兵器

電磁波を使って敵部隊の活動を妨害する。

高エネルギーの照射で、目標物を瞬時に破壊する。

3　AI兵器（人工知能）の開発

無人戦闘機や無人戦車などである。

完全自律型致死兵器

4　ドローン兵器の出現

「LAWS」（自律型致死兵器システム）

判断力を持たない兵器であり、無差別殺りくの怖さがある。

規制を望む国際世論が起こりつつある。

5　主要大国の重点開発兵器

米　国　・潜水艦を追尾する無人水上艦
・自動で敵を攻撃する無人戦車

中　国　・攻撃用の小型無人機
・ステルス性の無人攻撃機

ロシア　・目標に向けて射撃するロボット
・艦艇に接近して爆発する機雷
日　本　・2020年度予算に艦艇に搭載するAIや
サイバー攻撃分析のAI研究費を計上

三　AI技術の信頼度

1　自律型機械の信頼度
機械の判断できる限界がある
2　機械の故障・製造ミスがあり得る
3　プログラムのミスは無いか
展開するプログラムはすべて確認できるか

AI技術は、ミスの許される修正のきく範囲でのみ使用されるべきである。

四　宇宙戦争の時代

現代の科学技術により、地球と宇宙は一体化している。

通信衛星や軍事衛星、宇宙基地の活動は、地球上での日常生活に直結している。

まして今後は益々宇宙への依存度は高まっていく。

宇宙戦争とは、地球上での戦争に宇宙技術が使用されることと、宇宙空間の利権獲得争いによるものである。


米宇宙統合軍（Space Command）創設

宇宙は陸・海・空につぐ第4の戦場　宇宙戦争を想定。

宇宙利権獲得競争、宇宙空間の制覇。

通信衛星・軍事衛星の電磁波・GPS機能の破壊。

日本「防衛計画大綱」設定

日本は高出力レーザーを使った対空防衛システムの開発に取り組む。

高エネルギーの照射で目標物を瞬時に破壊する。

自衛隊熊本健軍駐屯地に「宇宙作戦隊」設置

宇宙空間を常時監視する。

電磁波を使って敵部隊の活動を妨害する「電子戦部隊」を新設発足。

宇宙戦争とは

1　通信衛星・軍事衛星・宇宙基地の攻防

サイバー攻撃

2　ミサイルの攻防

ミサイル技術の進歩と多様化に対し、パトリオットミサイルでの防御の限界が予想される。その補填を含めて「**電子戦**」が登場していると考えるべきであろう。

宇宙空間および地球上の**ミサイル発射基地**での攻防が重点になる。

ミサイルが**核弾頭**を搭載しているかどうかは確認できないであろう。

パトリオットミサイルなどで迎撃した場合、核弾頭を搭載していたとき**核爆発**の可能性がでる。地球上であろうと宇宙空間であろうと、その結果の惨状は誰にでも予想できるであろう。

五　世界の核弾頭保有数

核弾頭の保有数は総数としての減少は見られるが、増加させている国もある。使用目的や運搬手段によって仕分けされ、数量だけで判断できない面がある。

長崎大学核兵器廃絶研究センター（ＲＥＣＮＡ）の作成データ〈別表１〉を紹介する。

六　行き詰る核問題国際条約

1　「核拡散防止条約　ＮＰＴ」と「核兵器禁止条約」

広島・長崎への原爆投下以降、各国の核兵器開発競争が進んだ。

核兵器の開発段階で、地球上で2，０００回を超す核実験が行われた。そして地球上にこれまで見られなかった多量の**セシウム**が沈着した。

この事態の解明に挑戦したのが日本の女性化学者**猿橋勝子博士**である。１９６２年**猿橋博士**は微量の放射能検出に取組み、アメリカの権威フォルサム博士と微量の検出の公開実験を行う。翌年アメリカ政府は成層圏内の核実験中止を発表する。

国名	軍用小計（作戦配備と作戦外貯蔵の合計） ICBMなど地上配備(A+a) SLBMなど海洋配備(B+b) 爆撃機など航空機搭載(C+c)	作戦配備 ICBM（大陸間弾道ミサイル）(A)	作戦配備 SLBM（潜水艦発射弾道ミサイル）(B)	作戦配備 爆撃機など航空機搭載(C)	作戦外貯蔵 ICBMなど地上配備(a)	作戦外貯蔵 SLBMなど海洋配備(b)	作戦外貯蔵 爆撃機など航空機搭載(c)	退役・解体待ちなど	全保有数
ロシア (2020.6.1更新)	4,306 ICBMなど地上配備:1,606 SLBMなど海洋配備:1,620 爆撃機など航空機搭載:1,080	1,572			2,734			～2,060	～6,370
		812	560	200	794	1,060	880		
ロシア	米ロ戦略核削減条約（新START）対象弾頭数（2020年3月1日現在）	1,326			※2018年2月までに、作戦配備の戦略核兵器を弾頭計1,550まで削減する条約で、両国とも目標をクリアした。ただし、新STRATにおいては爆撃機の核弾頭を1機につき1個とみなすなど数え方が異なる。また、本表にある米国の作戦配備の弾頭数1,572は非戦略核兵器の弾頭数150を含むため、単純には比較できない。				
米国		1,372							
米国 (2020.6.1更新)	3,800 ICBMなど地上配備: 800 SLBMなど海洋配備:1,920 爆撃機など航空機搭載:1,080	1,750			2,050			～2,000	～5,800
		400	900	450	400	1,020	630		
中国 (2020.6.1更新)	320 ICBMなど地上配備:240 SLBMなど海洋配備: 60 爆撃機など航空機搭載: 20	0			320			0	320
					240	60	20		
フランス (2020.6.1更新)	290 SLBMなど海洋配備:240 爆撃機など航空機搭載: 50	280			～10			0	290
		0	240	40	0	0	～10		
英国 (2020.6.1更新)	195 SLBMなど海洋配備:195	120			75			0	195
		0	120	0	0	75	0		
パキスタン (2020.6.1更新)	～160 ICBMなど地上配備:118 爆撃機など航空機搭載: 42	0			～160			0	～160
					～118	0	～42		
インド (2020.6.1更新)	～150 ICBMなど地上配備:70 SLBMなど海洋配備:30 爆撃機など航空機搭載:48	0			～150			0	～150
					～70	～30	～48		
イスラエル (2020.6.1更新)	80-90 ICBMなど地上配備: 50 SLBMなど海洋配備:(10) 爆撃機など航空機搭載: 30	0			80-90			0	80-90
					50	(10)	30		
北朝鮮 (2020.6.1更新)	～35 ICBMなど地上配備:? SLBMなど海洋配備:?	0			～35			0	～35
					?	?	0		
合計	～9,346	～3,722			～5,624			～4,060	～13,410

「～」は、おおよそという意味です。数字は丸めてあるため、実際の合計数と異なる場合があります。

©RECNA 核弾頭データ追跡チーム

〈別表1〉世界の核弾頭一覧（2020.6.1現在）

63年8月には米・英・ソなどが部分的核実験条約を締結した。1970年に**核不拡散条約（NPT）**が発効後も、核兵器開発競争は止まず、核実験は繰り返された。74年3月には米・ソが**地下核実験禁止条約**を、76年5月には米・ソが**平和目的地下核爆発制限条約**をそれぞれ結んだ。

核保有国は米・英・ソ・仏・中国の5軍事大国となった。続いてインドが開発し保有する。インド・パキスタン間で紛争が発生する。パキスタンが核兵器を保有することによって紛争は終結する。

「**核兵器の威力で相手を恐れさせ、攻撃してくることができないようにしようとする考え方**」である。両国が核戦争の危機を意識し、核兵器を持てば戦争の抑止になると「**核抑止論**」がまかり通ることになった。

北朝鮮はアメリカに対抗するには核兵器の保有しか道はないと考え、核開発を進め今日に至っている。

これを見習おうとする途上国は多い。

核が拡散すればテロ集団に渡る可能性も高まる。テロ活動は国境を越えた活動であり、取り締まりは困難を極め危険は増大する。テロ活動の目的は体制の破壊であり、被害や損害の大きさを求める非情なものである。

2 「核兵器の不拡散にかんする条約」(正式名称) NPT

Treaty on the Non-Proliferation of Nuclear Weapons

核軍縮を目的に、アメリカ合衆国、ロシア、イギリス、フランス、中華人民共和国の5ヵ国以外の核兵器保有を禁止する条約。

核兵器を保有する国は、新規に保有を望んでも認めないというものである。

1995年に開かれた**NPT再検討会議**で、NPTの存続か廃止か大激論の末

①包括的核実験禁止条約の早期締結

②兵器用核分裂物質生産禁止条約の早期締結

③核兵器廃絶という究極目的に努力する

これらを条件として、5年ごとに再検討会議開催を確認してNPTは存続が決定された。

2015年5月ニューヨークで**NPT再検討会議**が開催された。日本の原爆被害者団体も核廃絶を訴える要請行動を行った。

核保有国と未保有国との立場も違い、各国の協調は難しくなかなか合意点には達しない。

次回**NPT再検討会議**は、2020年に開催予定であったが、世界を震撼させた「コロナウイルス」騒動で、先送りされることになった。

3 「核兵器禁止条約」

Treaty on the Prohibition of Nuclear Weapons

2014年7月 ICAN（核兵器廃絶国際キャンペーン）の執行部として10団体が国際運営グループを形成。日本からは**ピースボート**が参加。

ヒバクシャ地球一周証言の航海活動などの国際活動によって、2017年、ニューヨークの国連本部で開かれた条約交渉会議において、**核兵器禁止条約**が採択された。国連総会で193ヵ国中122ヵ国の賛同を得て採択された。

署名は18年5月現在58ヵ国。50ヵ国が批准して、90日後に発効した。

2020年7月現在36ヵ国が批准。

批准は各国の議会承認が必要であり、時間がかかっている。

日本は被爆国であるにかかわらず賛同していない。

	国名	署名	批准		国名	署名	批准
1	アルジェリア	○		42	フィリピン	○	
2	オーストリア	○	○	43	サモア	○	○
3	バングラデシュ	○	○	44	サンマリノ	○	○
4	ブラジル	○		45	サントメ・プリンシペ	○	
5	カーボヴェルテ	○		46	南アフリカ	○	○
6	中央アフリカ	○		47	タイ	○	○
7	チリ	○		48	トーゴ	○	
8	コモロ連合	○		49	ツバル	○	
9	コンゴ共和国	○		50	ウルグアイ	○	○
10	コスタリカ	○	○	51	バヌアツ	○	○
11	コートジボワール	○		52	ベネズエラ	○	○
12	キューバ	○	○	53	ベトナム	○	○
13	コンゴ民主共和国	○		54	ジャマイカ	○	
14	エクアドル	○	○	55	ナミビア	○	○
15	エルサルバドル	○	○	56	セントビンセント・グレナディーン	○	○
16	フィジー	○		57	カザフスタン	○	○
17	ガンビア	○	○	58	ボリビア	○	○
18	ガーナ	○		59	ドミニカ共和国	○	
19	グアテマラ	○		60	コロンビア共和国	○	
20	ガイアナ	○	○	61	アンティグア・バーブーダ	○	○
21	バチカン	○	○	62	ベナン	○	
22	ホンジュラス	○		63	ブルネイ	○	
23	インドネシア	○		64	ギニアビサウ	○	
24	アイルランド	○		65	ミャンマー	○	
25	キリバス	○	○	66	セーシェル	○	
26	ラオス	○	○	67	東ティモール	○	
27	リビア	○		68	アンゴラ	○	
28	リヒテンシュタイン	○		69	セントルシア	○	○
29	マダガスカル	○		70	カンボジア	○	
30	マラウイ	○		71	ボツワナ	○	
31	マレーシア	○		72	ドミニカ	○	○
32	メキシコ	○	○	73	グレナダ	○	
33	ネパール	○		74	レソト	○	
34	ニュージーランド	○	○	75	セントキッツ・ネービス	○	
35	ニカラグア	○	○	76	タンザニア	○	
36	ナイジェリア	○		77	ザンビア	○	
37	パラオ	○	○	78	モルディブ	○	○
38	パレスチナ	○	○	79	トリニダード・トバゴ	○	○
39	パナマ	○	○	80	ナウル	○	
40	パラグアイ	○	○	81	ベリーズ	○	
41	ペルー	○			クック諸島(加入)		○

核兵器禁止条約署名・批准国一覧
（2020年3月25日現在）

核兵器の恐怖は世界中で認識されているが、核兵器保有国の反対も根強く、条約の批准は容易ではない。かりに批准されたとしても、反対しているのは世界の大国ばかりであり、世界の世論で大国を押し切れるかという大きな課題もある。

ロシアは「**ＩＮＦ中距離核戦力廃棄条約**」を破り４，０００発保有し、中国は南沙諸島での非軍事基地化を表明した**習**発言をたがえた。

条約違反や違約により国家間の信頼関係は低下し、国際緊張は高まっている。

極東アジアでは中国・ロシアをバックとする北朝鮮と、日・米との軍事緊張、ヨーロッパではロシアによるウクライナやバルト海での軍事圧力や核配備によって、ＮＡＴＯ陣営と対立し、「**新東西冷戦時代**」と呼ばれる事態となっている。

核兵器の開発競争は激化し、ミサイルも最新技術により驚異的性能が実現され、戦いは宇宙空間におよび、地球壊滅に向かいかねない驚くべき状況になりつつある。

しかし、世界のリーダーは放射能の脅威の認識不足であり、核兵器削減の努力を低下させている。

さらに短距離・中距離弾道ミサイル、つまり戦術核中心の軍事戦略にシフトさせつつある。

近年の中国の台頭は、軍事的にも経済的にも世界の均衡を変えた。世界第2位の経済力を駆使して、「**一帯一路**」という方針を立て、世界制覇という覇権主義を露骨に示している。

まさに好戦的姿勢としか言いようがない。

日本近海だけでなく、南沙諸島などのアジア・太平洋地域、アフリカなどや世界の各地で波紋を広げている。

しかも武器無き戦争、**経済戦争**も激化している。さらなる対立の激化も予想される。

いまだに国家とか民族を優先しようとする覇権主義は理解できない。残念ながらこれが現実なのである。

七　日本の防衛

「**核兵器廃絶**」の道は険しいが、一歩一歩進めなければならない。

最終目標である**世界平和**への道をどう求めていくかを再確認する必要がある。

このように世界情勢も変貌しつつあるさ中、日本も**専守防衛体制**でよいのか、根底から覆される事態も予想される。

日本の世論は急激な世界の変貌に追随できず、視野狭窄で旧態依然のままなのである。

1945年の太平洋戦争での敗戦後、世界は米国・ソ連の対立による東西冷戦のさ中にあった。

当時日本は連合国軍の占領下にあり、**連合国軍総司令部**（GHQ）に支配され、反省と屈辱の時期を過ごしていた。

日本は二度と戦争をしない戦力を持たないと誓い、**平和憲法**を制定した。

つまり、日本が起こした戦争への反省から戦力を保持しないと規定されている。

これは相手国からの攻撃や侵略が無いものと相手を一方的に信頼し、国防という視点の欠落した平和願望だともいえる。

しかし1950年朝鮮戦争が勃発し、国土防衛のために警察予備隊が設立され、保安隊・警備隊となり、やがて自衛隊となる。

保有する戦力は、専守防衛といって防衛のためだけに限定された戦力だという。防衛だけの軍備なんて「**ボタン戦争**」の時代にはありえない。

そして国際情勢が緊迫しても、**日米安保条約**と米国の「**核の傘**」があると安心感を持っていたことは否定できない。

平和な島国での甘えと矛盾の構造だと言えないだろうか。

中国やロシアは覇権主義を掲げ好戦的姿勢を示している。

戦争の概念も変わってきた。

これからは、ある日突然に予感無しに**ボタン一つで平和が崩れる**ような時代になりつつある。発想の転換が必要なのである。

日本国憲法は世界に類を見ない理想的な平和憲法である。当然この理念は守って行かなければならない。

しかし問題の第一は、この現実世界で武力無しで平和主義が通せるか。そんな国家の生存の道が世界で通用するだろうか。

第二は、専守防衛体制だとはいえすでに戦力を保持している。現在の体制を崩して戦力が放棄できるだろうか、
さらに日本だけが世界の共同防衛行動に甘えている。その限界も見えている。

「イラク戦争」のとき、日本の自衛隊がオーストラリア軍に守られていたとの報道があった。世界の非難をあびるのは目に見えている。

憲法九条を守り、戦力を放棄すべきだという理念でありながら、その議論に関係なく現実は進行し夢想になっている。

今のままでは日本は米軍との連携を強め、防衛の一翼を担うことになる。

専守防衛が無意味な言葉に終わるならば、武装はしても**核武装**だけはしないという一線を守る思考が現実的であるし、当然核の傘の下には居られない覚悟が必要になる。

日本の防衛問題は戦後紆余曲折があり、今日にいたった。物事は黒白付ける訳にはいかない場合もある。ダークもあればグレーもある。

誤解をまねきやすい議論であるが、独立国家としての厳しい道を選ばざるを得ない段階にきている。

しかし「**非核三原則**」の維持と「**核兵器廃絶**」は旗幟鮮明にしなければならない。

世界が核問題での日本のリーダーシップを求めていることは事実だ。

人類は大きな犠牲をはらってきた。しかしこの過去の体験を生かしているとはいえない。

今こそ日本政府は核兵器廃絶を標ぼうし、核兵器の抑止・廃絶のために世界の先頭に立って邁進すべきである。

平和な未来を期待する地道な努力が必要である。

この結論は若い次世代の人々の判断にまかせることになりそうだが、我々は正しい判断材料を提供する義務がある。

第四章　核戦争は避けられるか

一　核戦争は避けられるか

現時点での核兵器の最大の問題は、**無差別大量殺りく**と**放射能障害**である。**放射能障害**が明確になった今、兵器として使用することは許されない。

北朝鮮については、金王朝を維持することが最優先であり、核兵器の弊害など眼中に無いであろう。それだけに北朝鮮に絶対に核兵器の保有を許すことはできない。

現在朝鮮半島では韓国の文政権も反日で北と一致しているが、北の独裁的金政権が存在しながらの韓国との南北統合なんてあり得ないと考える。民主主義と自由を体験した韓国国民が、独裁的恐怖政権を受け入れることはあり得ない。

朝鮮半島は、今後とも世界の地雷源としての火だねは残るであろう。

クリントン政権で国防長官を務めたウイリアム・ペリーは、**第三次世界大戦**はあり得ないと言った。次に核戦争が起こったら、地球は壊滅するからだと言う。

核無き世界

アメリカの**オバマ前大統領**は「**核なき世界**」を提唱し、２０１６年に広島の地に立った。

世界は**核兵器廃絶**に向かう気運が高まっていると感じた人もいたであろう。

２０１８年、ロシアが米・ロ間で１９８７年に締結したＩＮＦ「**中距離核戦力全廃条約**」を守らず、４，０００発の**核弾頭**を保有していることが判明した。

一方のアメリカは７００発保有であり、トランプ大統領は核体制を見直して、「**アメリカの新核戦略**」を発表した。さらに10月には**未臨界核実験**も実施し、ＩＮＦ**廃棄**を表明した。

日本のマスコミはアメリカの核戦略変更ばかりを報道し、これを非難する評論が多かった。

しかし問題は条約や国家間の約束が容易に破られる世界であることと、**核兵器廃絶**から一挙に後退し、再び開発競争が始まったことである。

ロシアはＩ**ＮＦ中距離核戦力廃棄条約**を破り、音速の10倍の新型ミサイルなどの開発を進めてきた。

中国は廃棄条約には加盟してはいないが、軍事予算を増やし**対艦弾道ミサイル**「**東風21D**」を、グアム島とか米空母を標的にした**東風26**ミサイルを開発し、核弾頭も増やしている。

中国の台頭により、米・ロ2国間条約の意味が薄れ、しかもロシアが条約を守っていなかったことが判明し、米国の条約破棄に至ったのである。

最大の問題はロシアの**プーチン大統領**である。ウクライナ紛争に際して、

「核兵器使用を検討した」

と発言している。

ロシア軍はもともと核兵器を、通常兵器の延長のように気軽に扱う組織風土があるという。さらに小型核を使用しても、米側は従来型の大型核での反撃はできないはずと予測していたようだ。

核兵器使用を安易に考えているとしか思えない。**放射能障害**への認識も低いのである。これがチェルノブイリ原発事故を起こし、世界に多大の迷惑をかけた国の大統領の姿勢なのである。

極東地区には、アメリカや日本向けミサイルを配備しているようだ。ヨーロッパでは、黒海周辺へ配備している。

スウェーデン・リトアニアなどの近隣諸国に武力的圧力をかけ、バルト海沿岸部の飛び地カリーニングラード州には、**中距離弾道ミサイル**を配備した。

20年2月、米国務省は「**小型核兵器**」潜水艦発射弾道ミサイル（ＳＬＢＭ）の弾頭を実戦配備したと発表した。

ロシアが地域紛争などで小型核を使う構えに備えて、同等の兵器を配備して抑止体制の隙を無くす狙いである。

プーチン大統領は、アメリカがNATOの立場でヨーロッパにミサイルを配備したら、直ちに攻撃すると表明している。

そして、燃料補給の要らない**原子力魚雷**を開発し海洋に、**原子力ミサイル**を宇宙空間に常時回遊させるという。

アメリカは**宇宙統合軍（Space Command）**の創設を発表した。宇宙空間で電磁波や光線を使ってのミサイル破壊などの技術の開発も進めているようだ。

日本も防衛力整備の指針「**防衛計画の大綱**」に、高いエネルギーを照射することで、目標物を瞬時に破壊する**高出力レーザーを使った対空防衛システム**の開発に取り組むことを発表した。

宇宙戦争の時代の到来だ。科学技術の発展は、想像のつかない未来へ進んでいる。

「**核なき世界**」は遠のいた。

国際間の緊張も高まり、核兵器使用の可能性も高まっている。

日本はもう核の傘の下で、傍観者では居られないことは明白だ。

「**アメリカ・ファースト**」という自国第一主義の国に、日本の防衛まで期待するのは甘すぎるだろう。

完全に無防備な平和主義が貫けるか、**専守防衛**を捨てて国防体制をつくるかの決断をせまられるのは時間の問題ではないだろうか。

米軍の**宇宙統合軍**創設発表と時宜を得た日本の対空防衛システム開発への取組み発表を聞くと、国民が知らないだけで、すでに米国の**宇宙統合軍**の一翼をになっているような感もある。

二　人為ミス、誤作動による発射

機械は故障することを前提として使用すべきである。製造上の問題が無いとしても、稼働することによって摩耗や疲労のために故障が発生する。点検ミスや機械の誤作動もありうる。

これまでのアメリカ、ソ連、日本の原発事故は、すべて人為ミスがからんでいる。

広島・長崎以後核兵器使用の危機は幾度もあった。それは関係者の冷静な判断と努力で避けられた。

しかし担当者の操作ミスで発射ボタンが押されたこともある。

アメリカで、ソ連の核攻撃対応の練習用カセットを入れ間違って、緊急事態になったり、米軍偵察機のソ連領空侵犯で戦闘になりかけたこともある。

イラン軍がウクライナ旅客機をミサイルと誤認して、ミサイル発射したケースも人為ミスである。

さまざまなケースがあって、何重にも安全装置を設定しても、人為ミスは避けられないことを認識して対応しなければならないし、意図せずに戦争に突入する危険性が高いことを認識しなければならない。

三　ＡＩ（人工知能）技術の危険性

ＡＩ技術とは人間に代わって働くシステムである。機械が考え機械が働くと考えがちである。将棋や囲碁、ロボット玩具などのＡＩも性能が進化している。進化とは頭脳が良くなっているのではない。プログラムを組んでつぎの展開を選択する。

ミスを修正してプログラムを展開していくから、囲碁や将棋は強くなっていく。

ミスが重大事故につながる場合に問題が起こる。

プログラムが複雑になると、その展開を設計段階ですべて実証するのは困難である。機械の暴走や故障が恐れられる。

AI技術がミサイルや多くの兵器に採用されるならば、暴走の危険性をはらむことになる。

AI技術は万能ではない。一つには経済性である。プログラムを組むには多額の費用を必要とし、コストが回収できるだけの製品需要が必要である。

AIがすべて人間にとって代わるような期待は無理である。

わたしは長年機械製造業で勤務し、大赤字を出した**無人搬送ロボットシステム（AIシステム）**製造会社の再建にあたった経験がある。

赤字の要因分析をしたとき、プログラムのミスによる誤作動も大きかった。担当の若いプログラマーに会社の命運がかかっている。管理者や決断者のコントロール圏外なのも大きな問題である。

ベースになっている機器の精度が年々格段に向上して、**AI技術**の分野を拡大している。そこが魅力であり大きな可能性をはらんでいることも事実だ。

AI兵器を構成する主要な機器は、次のようなものがある。

超高速のスーパーコンピューター（プログラム作成と検証）
高精度カメラとレンズ（画像認識技術）
ＧＰＳ（位置確認）
センサー・ジャイロ（誘導技術）
電磁波と光線・電磁誘導装置・レーザー光線
高性能電池
集積回路ＩＣも入る。
しかしすべて人間が考え人間が動かしているのだ。機械が自律で判断できない部分はある。
機械はそのものの性能だけではなく、使用環境や使用条件に制約されることを認識すべきなのである。
ＡＩ技術をどう管理しコントロールしていくかは今後の課題である。

四　テロ集団による使用

人類の紛争や戦争は、今後とも減ることはないだろう。人口増と貧富の格差の拡大もそれに拍車をかける。

テロ集団は国境も人種も無い集団であり、核兵器が渡ると対応策は無い。

小型化された核兵器でもその破壊力はすさまじい。

核兵器またはその製造技術がどこからか供給される。

核兵器保有を望む国は多く、またさまざまな理由でそれを供給する国がある。

国家間の利害関係は複雑であり、核兵器を保有する大国が、核兵器の弊害を知りながらその技術を流しているため、保有国が増えていく。

「**核拡散防止条約**」ＮＰＴが推進されない一因でもある。

やはり最終的には「**核兵器廃絶**」の推進しか、それを防ぐ手段はないだろう。

五　目標は世界平和

米・ロ・中国の核開発は進んでいる。「**極超音速飛翔体**」という新兵器は、マッハ5以上の速度であり、従来のミサイル防衛システムでは迎撃できず、発射基地である敵地の先制攻撃しか防衛策がなくなり得ることも考えられる。

ロシアは最新兵器**極超音速ミサイルシステム**「**アバンガルド**」の発射実験に成功し、19年から実戦配備すると発表した。

さらに、「**アバンガルド**」の技術を転用して、**核弾頭**搭載可能で音速の20倍超の速さで飛び、米国のミサイル防衛網を突破できる兵器を開発中である。

米国も音速の5倍のミサイルの実験成功を報道した。

こうした情勢のなかで日本はどうするのか。

パトリオット迎撃システムの信頼度が低下したとき、また新たな迎撃システムを米国から購入することが発表された。新システムの性能が、進化するミサイルに対して万全だとは期待し難いからである。この購入は中止されることになった。

また、戦略核ミサイルの攻防から戦術核ミサイルの攻防になったとき、核の傘の下だからといって安心してはいられないだろう。

専守防衛という言葉は無意味となり、自国を守る真剣な国防思考と決断が求められている。

近年日本近海で、日本自身がある程度の防衛力を保持しなければ対抗できない場面に遭遇してきた。日本は威力行使に慎重である。しかし徐々にではあるが国民の意識も変化している。

米国は**中距離核戦力廃棄条約**（ＩＮＦ）の廃棄をしており、今後新たな核削減条約が生まれるのか、条約に加盟していない中国をどうするのかと課題がでてきている。

いまの北朝鮮の核開発中止交渉も、順調に進むことを願うものではあるが、容易に進行するとは考えられないし、容易に信用できる相手ではないことは明白だ。

さらにロシアの動向も、締結した条約を破り信頼を失い、国際社会に失望を与えている。

中国については、核兵器の問題もあるが、「**一帯一路**」という戦略を公表し、尖閣諸島、南沙諸島、などで武力圧力をかけ、アフリカやその他の途上国には資源がらみで資金貸与や経済援助を行っている。

しかしその実態は、途上国のインフラ事業などを請け負い、中国人労働者を送り込み、途上国をいたずらに窮地に追い込んでいる。

世界の要所に海軍基地を設け、覇権主義という力の誇示を図っている。

知的財産権の侵害、技術移転の強要、産業補助金など、国際間のルールを無視し、**サイバー攻撃**をするなど傍若無人といえる。

武器弾薬で戦うだけが戦争ではない。露骨な自国第一主義の経済政策も**経済戦争**である。

今後、核戦争にまでは至らなくても核兵器が使用される危険性は充分にある。

2009年、アメリカの**オバマ大統領**が、「核兵器を使用した唯一の国として米国は道義的責任がある」として「**核なき世界**」の追求を宣言したこの精神を、各国の指導者が認識すべきである。

「**核兵器廃絶**」の実現は容易ではない。核兵器の拡散を抑え、核兵器廃絶の国際条約の再構築は必要であり急がれる。

徐々にでも、まずは核兵器の数を減らすことから始めなければならない。

これは人類が掲げる永遠の目標である。目標に向かって現実とのギャップを解消していく地道な努力が必要だ。

日本は世界の先頭に立って「核兵器廃絶」を掲げ、国際交流と国連の場を使って世界をリードする気概が必要であるし、そこに日本の存在意義が生かされることになる。世界の指導者は誤っている。核戦争に勝利者はいないことを認識すべきだ。得られるものは文明の終わりだけだ。

地球と人類の未来のためには、ぼちぼち国という枠組みを外す視点が求められる段階に来ているように思われる。

領土・人種・宗教・思想などが入り乱れた社会になっている。

悠久の時代の中で、どの国でも栄枯盛衰の波は激しいものだ。今現在に奢ることなく、協調と平和を希求することを歴史から学ぶことが大事だ。

自国優先ではなく、共に**世界平和**を願う平和主義を標榜すべきである。

今後素材革命や技術革新は一層進み、宇宙空間での覇権争いを呼ぶ。

ＡＩ技術はますます進化し人工知能といわれ、機械が万能であるような誤解を与える。しかし機械に思考能力は無い。まして感情も温かい心もない。

機械には脳ミソはない。すべて人智なのである。

人間の尊厳がすべての基盤でなければならない。

荒廃への警鐘を鳴らしたい。

第五章　平和学習

一　中学生の学級通信

昨秋長崎・広島に修学旅行に行く小学校2校、中学校2校の学生に話した。

小学校5年生は長崎、中学校2年生は広島へ修学旅行に行くので、事前予習の依頼である。

小学校は70名と160名、中学校は160名と165名であった。

どこの学校でも講話時間は50分しかないので、あらかじめDVD「これは雲ではない」、

英語版「This is Not a Cloud」（youtubeで見れる）を見せた。

拙作の木版画で編集したものではあるが、13分であり学校ではこの長さが最適だという。

講話の骨子はより学生たちが理解しやすいようPC画面を使って視覚教育する。

時代背景を知らせ、太平洋戦域の地図や原爆が空中爆発するさまを視覚に訴えた。

（DVDは市教委が全学校に配布予定したが、地震後予算カットになった）

講話骨子

①太平洋戦争の時代背景。

②原爆開発経過と投下、終戦に至る1945年（昭和20年）の様相。

③原爆投下と被爆者。

④放射能被害と今日までの影響。
⑤世界のミサイルの種類。
⑥最新の核兵器の種類。
⑦自律型致死ＡＩ兵器システムの脅威。
⑧宇宙戦争の時代、地球壊滅。
⑨模索する平和への道

事前予習をしたある中学から、広島見学後の学級通信が送られてきた。学級通信を見て感動した。全文をそのまま見ていただくのがベストだと思うのでここに掲載する。生徒たちの真摯な気持ちを広く伝えたく、校長先生に学校名・生徒名匿名を条件で掲載の了解を得る連絡済である。

二　平和学習講話の生徒感想

「学級通信」

・A君　印象に残ったことは、降伏があと10日間早ければ原爆も落とされずに済んだし、たくさんの人が死なずに済んだという話です。疑問に思うのが、どうして戦争が起こったのか、そもそもの原因が何なのかをもっと詳しくは知りたいと思いました。たとえそれが小さいことでも大きいことでも、戦争の他に解決策は無かったのかと考えさせられました。

今自分が持っている疑問を、広島に行って調べてみようと思いました。

それに、もし自分がこの時代に生まれていたらどれだけ苦しい思いをしたのだろうかと思います。僕たちが、平和の尊さを世界に発信していけたらなあと思います。

・Bさん　私は、今たった一つのボタンを押すだけで戦争が始まり、何万人もの人々が死んでしまう世の中になったことがとても悲しいです。技術の進歩は人間に役立つ反面、簡単にたくさんの命を奪う兵器にもなると思いました。

これから私たちは技術の進歩と向き合い、その使い道を正しい方向に向かわせなければなりません。

技術は人々を救うものであり、決して命を奪うためにできたものではないと思っています。

現在、ミサイルを持つことで戦争が起こらないという考え方がありますが、この世界からミサイルが無くなることが被爆者の本当に思う平和に繋がると思います。私は核やミサイルを持つことで平和な世界を保つことは、私はいやです。

長曽我部さんは過去ではなくこれから先の未来についてのお話しをされ、私は過去から学びこれから先の平和を創っていくことが平和学習だと思いました。

現在被爆し実際に平和活動を出来る方は3割ほどしかいらっしゃらないと聞き、もう今回の機会が最後になるのかもしれないと思いました。被爆された方々の話を私たちが後世に伝えていかなければならないと思いました。

これから宇宙戦争が起きるかもしれない時代になりました。人間は戦争をしなければ「平和」や「後悔」について考えないのか。

人間は戦争以外の方法で解決しようとしないのか。戦争をして得られるものは何もないと思います。これから先の平和を創り上げていくために、修学旅行で戦争について考えたいです。とても貴重なお話をきくことができ、とてもよかったです。

・Cさん　私が一番印象に残ったのは、宇宙で無人で戦争が起きるかもしれないということです。私が知っている戦争は人が人を殺しあうような鉄砲のような武器でするものだけど、近い未来にある「無人戦争」は人が直接手を下さなくても戦争ができるかもしれないということでした。しかし、やはり人が作ったものなので、戦争をすることや核を持つことは平和な世界にするためにはいらないと思いました。

長曽我部さんが死体のにおいや見た目のことを話されていて、実際に見ていないのに聞くだけでとても苦しくなるようなお話しでした。

「熊本は安全」とか「今の日本は戦争を絶対にしない」と言っていても、いつ他国が爆弾を撃ってくるかわからないと思うと戦争は怖いと思いました。今北朝鮮がミサイルを飛ばしたり、韓国とも少し仲が悪いように見えたりしているので、他国の人とも戦争について考えないといけないと思います。

少し話は難しく、被爆したときのご自身のお話しをされるのかなと思っていたけど、現代をどうするのかというお話しをされていて、私たちに対して未来のお話しをしていただきありがたいなと思いました。

誰かが平和を創るのではなく、自分でも出来ることを小さなことでもすることが世界を平和にしていくと思いました。地震のときでも同じだったように、人が人を助け合うような世の中が平和だと思います。

広島で被爆された方の話を聞くのは初めてだったので、とても心に残ることがたくさんあり貴重な経験をできました。この話を忘れないように、広島に行ったとき原爆の被害に遭われた方々の気持ちに寄り添って勉強できたらいいなと思いました。実際に行くときは、一つ一つの建物の意味や願いを感じ取りたいです。

・**D君**　平和学習ではあまり触れてこなかった世界情勢や時事的な核問題について学びを深めることができたと思います。ボタン一つで世界が変わってしまう可能性があるほど、科学や技術は進歩し、「宇宙戦争」というものまで考えられる世の中になってきました。

私たちはまだ中学生なのでＡＩなどの人工知能や核兵器の仕組み、世界の国々についてそう詳しくはわかりません。でも、これまでの平和学習から、戦争というものがどれだけ悲惨で愚かなものだったのかは知っています。原爆が落とされたのは、長崎と広島だけ。

現地に向かい、学校の活動として原爆を学べるのは日本に住む私たちだけです。平和について深く学ぶことも出来ます。だからこそ、私たちがナガサキ・ヒロシマを語り継ぎ、世界に発信し、みんなが平和を感じる世の中にしていかなければなりません。そのことを胸に、ヒロシマにいきたいと思いました。

長曽我部さんは原爆でお父さんを失われておられます。お父さんを探すとき、金歯と時計で父だということを確信したとおっしゃっておられました。

そうなってしまうほど強力な原子爆弾がとても恐ろしいと思ったし、他人の家族のことでも怒りに似た感情も覚えました。こんな悲惨な出来事をもう二度と起こしてはいけないし、起きることが無いようにしなければなりません。世界を変えることが出来るのは私たち人間だけです。

今も、シリアや中東・アフリカの方では内戦や紛争が起こっています。そこでもまた、罪も無い人たちの命が奪われています。そんな方々を助けるためにも、私たちが行動を起こしていかなければならないんだと、改めて思いなおしました。

・Eさん　今日は原爆の恐ろしさを話されるのかと思っていました。しかし、そうではなく、長曽我部先生が9歳の頃広島で被爆し、お父さんをなくしたという体験や、父を探しに行った時の死体が焼けるにおいなど思い出したくないことを話されたとき、心が痛みました。

「死んでいるかもしれない父親を捜しにいく」という行動は自分の父親だと想像すると苦痛でした。死んでいる父親とは会いたくないけれど、戦時中は死んでいても見つけ出せたら幸せだったという戦争の恐ろしい現実を感じました。

先生は淡々と話されていましたが、これから起こりうる戦争やＡＩが暴れだし戦争が起こるかもということや、ボタン一つで戦争が始まる現代など恐ろしい現実を聞き、心臓が止まるくらい驚くような世界の状況を知ることができました。（一部抜粋）

・Ｆさん　私が長曽我部さんの話を聞いて思ったことは二つあります。

一つ目は知らなかったことがたくさんあったことです。私は救護をしていた方や遺体を焼いた方も被爆することを知りませんでした。多くの人々を救いたいと思って懸命に働いた方々が逆に被爆してしまうのは、とても悲しいことだと思いました。

また、長曽我部さんが被爆したことに対して、淡々と話しておられましたが、長い年月の中でお父さんを亡くしたり、ご自身に対して悩んだり苦しんだりしたこともあったのかと思うと、胸がしめつけられました。

二つ目は長曽我部さんが過去のことではなく、未来について話されていたことです。きっとそれは長曽我部さんの願いからだと思います。

私たちは平和学習しながら、どこか、過去のことだと思っているのかもしれません。自分たちには関係ない、自分たちは違う、でもそれは私たちがぼんやりしているだけで、世界は戦争へと進んでいってます。日本はこれから、私たちの世代に託されています。原爆の被害にあわれた方々の気持ちを忘れず、広島で多くのことを学びたいです。

・**G君**　今日のお話しは、ただ戦争の恐ろしさを伝えるのではなく、自分たちが生きる令和の時代の戦争、その背景のお話しだった。

はじめに戦争を知るには背景を知る必要があるとおっしゃっていたが、戦争のみならず、どの分野に関してもそうだと思う。背景を知ることで初めて、正しい道を選べるのだと思う。

今の国際関係の話もその一つとしてあったが、「過去の歴史にとらわれて仲良くしない」というより「歴史を認めたうえで仲良くしていくべきだ」という趣旨なんだと思う。技術が進化する中で、大量殺りく兵器がもっと増える時代だからこそ、自分たちが平和について考え、正しい選択をしていきたい」

・H君　もし、この先、平和な世界が続かなかったら原爆が落ちた時代よりもっとひどいことが起こると思います。70年前にあの大きな爆弾があったのなら、今の時代では僕たちの想像をはるかに超えるものであると考えると、この先何が起きるのか想像がつきません。

核兵器を持たなければならないような状況に、今世界がなっているのなら、世界のルールを根っこから変えていかなければならないと思いました。それを実行するには、18歳から参加できる選挙にも必ず行かなければならないと思いました。自分で考えた大事な一票を、責任をもって託せる人に投票しようと思いました。

広島で構成詩をし、資料館を見て、たくさん学んできたいと思います。

生徒たちの感想の主要点。

1　なぜ戦争になったのか、時代背景への関心を高めた。
2　反戦の思いを強くした。平和願望を強めた。
3　世界情勢や時事的問題への関心を高めた。
4　ＡＩ兵器やボタン一つで戦争が始まる怖さ、平和を求める心。
5　被爆者に対する思いやりの心。

三　先生の感想

「機は熟した」
〜今のみななら大丈夫〜

「機は熟した」とよく言うけれど、タイミングだけじゃなくて気持ちも熟してくれた感があって、先生は最高に嬉しい!!

これまで一緒に平和学習したり、構成詩に取り組んだり、学級でも戦争や平和について、事あるごとに話題にしてきた。でもどこかやっぱり「他人事」「過去のこと」の域を超え切らない感じを常に感じつつ、このままでは広島に行ってもただなんとなく見て回って終わりそうな気がして。もっとみんなに心で感じてもらいたい!!

そう意気込んで沖縄出身の二人に作文まで書かせ、自分も広島に行き勉強し、掲示物つくり…

だけど先日はイマイチな構成詩で学級で怒りながらも、「俺は今まで何やってたんだ」と自分自身を情けなく思ったり。

だけど確信した。長曽我部さんの生の声、本気の想いが、「あと少し」の君たちをホンモノの心を感じる集団にしてくれた。長曽我部さんの話は少し難しかったけど、それを心で受け止め、これまでの学びを振り返りながら自分の生活や経験と重ねて感想を書いてくれている。

回収したしおりに書いてある4人以外の感想も見ながら、これなら大丈夫!!そう思えた。そしてこの日の翌日、ローマ教皇の訪日。まるで君たちが書いた感想を参考にしたんじゃないかと本当に思ってしまうくらい、その想いが重なったスピーチに、テレビの前で目頭が熱くなった。もう大丈夫。今の2―5なら、広島でしっかり学び、ヒロシマの心を感じることができる。そう確信している。「機は熟した」。

四　学級通信をもらって

10年ばかり前に、わたしは退職したばかりの先生の言葉に衝撃を受けたことがある。

「日本は侵略国家だったんでしょ」

肯定も否定もしないが、他人事のような立場の発言に感じた。

戦前教育の批判と反省は当然であるが、戦後教育の反省も必要な時期になっている。生徒への話は原爆被害を伝えることも大事だが、それだけでは足りないことを痛感していた。心掛けたのは戦争と時代背景を偏見なく伝えることだった。

さらに戦争を身近なものと感じるように、戦時中はこの熊本の地元でも空襲や機銃掃射があり、南九州上陸作戦で戦場になりかけたことも話した。

宇宙戦争の時代になり、自衛隊熊本健軍駐屯地に宇宙空間を常時監視する「**宇宙作戦隊**」が開設される。そしてもし日本が外国から攻められることがあるとしたら、熊本が第一に狙われると話した。

最近は子供たちもなんとなく緊迫感を持っていたようだが、身近な事例を話すとよく理解でき、他人事ではないとショックを受けたように感じた。

成長期の子供には、生涯の記憶に残ることはある。

良い機会だと思い、学校には2017年に参加したノルウェー王国・オスロでのノーベル平和賞授賞式参観写真や報告記事も掲示した。

オスロでの強烈な印象が残っている。

風光明媚な北欧の国だが、各国から集まった人々の話題は、ロシアとの国際的緊張状態と、対抗するスウェーデンの徴兵制の話題だった。

日本と異なる身近な国際緊張に敏感な感覚を感じながら、学生たちに少しでも役立てばという思いから、ホテルの部屋で眠い目をこすりながら、講話をした学校へ絵葉書を書いたのを思い出した。


今回学校からもらった「**学級通信**」は嬉しいかぎりだった。先生の熱意も強く感じた。

わたしの話は少々難しいかとも思ったが、こんな話は初めて聞いたことだろう。分かりやすく話したつもりだけどよく理解してもらえたという手ごたえはあった。

難しいことにチャレンジするのが学習である。

生徒たちの感想文を、一人でも多くの人に読んでいただきたい。

最後に、自分自身の小・中学時代を振り返ってみた。

戦中の1943年（昭和18年）に広島市の大川国民学校へ入学した。

家は軍隊の軍服を作る被服廠の塀の向いだった。家と塀の間には道と小川があり、塀際には線路があった。

「ある日、被服廠の前の踏切に立っていると、列車が走ってきた。長い列車は、カーキ色の軍服を着た兵隊さんばかりである。戦地へ赴く出征兵士であろう。私は手を振っていた。兵隊さんたちも手を振ってくれた。

そのとき、何か飛んできた。白い小さな紙袋である。中には今でいうビスケットのような菓子が入っていた。戦地に赴く兵士に配られたものであろう。

当時は甘いものなど無かった。お菓子など食べた子供はほとんど居ない。

お菓子を投げてくれた兵隊さんは死地に赴く想いであったであろう。18年頃出征した兵士はほとんど南方に派遣され、恐らくどこかの島で玉砕したであろう。

どんな心境で投げてくれたのか、自分の子供を思ってか、思い出すたびに胸を締め付けられる想いである。あの兵隊さん達の末路と、残されたご家族のその後のご苦労を想像すると、身につまされる思いがする。本当に些細なことではあろうが、心に残る「**忘れ得ぬ一瞬**」である。」

これは平成21年にある雑誌へ投稿した文章の抜粋である。

その後すぐ1年生半ばに賀茂郡八本松に疎開、川上国民学校に転校した。1945年原爆体験、翌年母の兄をたよって京都へ移転、小学4年であった。小学5年には大阪へ移転した。母が商売を始めるために繁華街の近くの道路際の場所だった。しかし戦後3年近く経っているのに、家の裏は焼け跡で、ガレキの中に六角形の筒の焼夷弾が散らばっており、戦火のすさまじさを残していた。

中学も大阪だった。運動と読書はよくやった。今の学生ほどは勉強はしていなかったと思う。

今では子供が広場で走り回る姿はほとんど見ない。夜間までの塾通い。同情してしまう。教科書を見ても、我々が習っていないことがたくさんある。知識教育に偏重せずこれをどう伸ばしていくか、それぞれの立場で真剣に考えなおす時期であろう。

戦後の日本の発展過程を振り返ってみると、1930年代のアメリカは、自動車産業を先頭に工業生産力を進展させ、第二次世界大戦後は世界の工場として繁栄した。

敗戦国となった日本は、焼け野原から外貨獲得のため工業立国を目指した。外貨も無く、食糧も輸入できない。

国が良くならないと自分たちもよくならないと必死に働いた。

1950年代になると、日本を先頭として工業生産力を進展させた。

この原動力は品質向上への取組みが大きい。

初期は**ゼロ・ディフェクト「ZD」運動**（ノーミス運動）であり、その後はさまざまな**品質管理運動**や現場からの**提案制度**、**経営改善運動**が推進された。

日本製品の評価が高まったのは、工作機械の高精度と、ベアリング、チェーンなど基礎部品の高品質にもよる。

小国日本は高度成長をとげ、世界第2位の経済大国になった。

是非とも先人の努力と苦労を知ってもらいたい。

日本は韓国や中国への技術移転にも協力した。日本の大量生産のために不要となった中古機械がこれらの国の産業のすそ野を広げ、技術移転を早めた。日本のどんな中古機械でもすべて途上国へ輸出されていった。

やがてアメリカに次いで日本も生産の空洞化が始まった。

古い伝統のある企業でも社員をリストラし、不採算部門を切り離し、体質の改善をはかった。優秀な人材や将来性のある開発研究は、海外などにも散っていった。

一番の問題は**非正規雇用**を増やしたことである。

仕事は時間の切り売りだ。企業は、不況時のコスト調節に利用するようになる。

雇用の拡大が経済の基本なのに、率先すべきお役所の現在の非正規職員比率には驚く。まさに逆行している。

多少改善されつつあるようだが、しかも1年ごとに契約更改だとか3年限度だとか、これでは雑務しかできない。

若い人が夢と希望をもって職業を選択し、将来の目標を立てられる社会でなければならない。

新聞報道によると、

「日本働きがい低下」42％、米ギャラップ社の17年の調査では、日本における「熱意あふれる社員」の割合は6％にとどまる。世界139ヵ国中132という「やるきのなさ」とある。

これは看過できる問題ではないだろう。

これは経済的な後退ではなく精神的な凋落を意味している。日本はどうなっているのだろうか。

格差問題も想像以上に進んでおり、生活苦からホームレスも増加しているようだ。

将来への夢を持たない学生が多いようだが、政治の貧困だと批判してもはじまらない。

テレビで報道していた。笑い話ではない。

かって炭鉱があった町の小学生に、「将来何になりたいですか」と聞いたところ、

「僕は将来生活保護をもらって暮らしたい」

との答えだった。

生きがいのある生活環境作りが求められている。

人間が何に生きがいを求めるか、男性の場合はやはり仕事を選ぶ人が多いだろう。

「**天職**」と言う言葉があるが、生涯の仕事として何を選ぶか、若い人にはよく考えて目標をもって選択してもらいたいと思う。

「2009年11月　地球一周の船旅」

キューバ・ハバナ国際交流会議にて、著者がカストロ元議長が来日した際、広島で行ったキューバ危機のスピーチを紹介した。

右から　アレイダ・ゲバラさん
　　　　革命の英雄チェ・ゲバラの娘
中央　　著者
左　　　ICAN川崎哲氏（ピースボート共同代表）
　　　　2017年ノーベル平和賞授賞

おわりに

わたしは現役から引退して15年ほど経つが、日本はあらゆる面で大きく変わった。

なかでも若者が将来への夢や希望を失い、変質しているという。

日本の教育の現状に憤懣やる方ない人が多いことも感じている。

わたしは教育には門外漢だが、多くの社会に出る学生を受け入れてきた経験から言うと、生徒を「**叱らない**」、「**競争させない**」、**先生も親も子供と**「**友達感覚**」の**教育**、そこに問題があると思っている。

世の中は**弱肉強食の競争社会**である。

教育は子供が社会に出たときに**逞しく**生きていくためのものであって、甘やかしだけではなく、厳しさを教えることが大切だ。

世の厳しさに耐えることは生易しいものではない。

最近の教育界の話も驚きの連続だ。**モンスターペアレンツ**の対応にも学校が苦慮しているようだ。

親や地域からも学校には毎日クレームの電話があり、対応に追われるという。

内容を聞くと腹立たしい思いがする。

ある高校では、教頭先生が対応に掛かりっきりだという。

しかし教える側の問題としても神戸の教師いじめ事件は想像を絶する。集団での事件だけに、あの学校だけの特異な事件としてすますわけにはいかないだろう。

教職のイメージダウンになり、がんばっている先生方には迷惑至極である。

家庭と学校の責任区分を明確にし、意欲的な先生方を支援する教育委員会の役割を明確にすべきである。

先生方のかかえる日々の問題の解決を、周囲が支援する体制が必要ではないだろうか。教育委員会や地域の良識ある経験者の協力を得るとか、第三者を加えることが好ましい。

戦後教育の反省は、教育内容だけの問題ではないと思う。

先生方が、余裕を持って本来の教育業務を行える体制を作るべきだ。

日本の将来がかかった問題だ。そしてたくましい子供を育てよう。

教育者が一番煩悶していることだと思うが、教育改革は教育者が主導しなければ良くならない。家庭との連携も必要である。

先生方には大胆にリーダーシップをとってもらいたいし、それができる体制づくりが必要だろう。

教育や子供のためにお金がかかり過ぎるのも問題だ。

スマホや**ゲーム**の弊害も多いし、いじめの温床なのになぜ小・中校生のスマホを禁止しないのだろうか。諸外国の実情も調査しているだろうか。

母親が昼間から、電車の中でも**LINE**に熱中しているようでは駄目だ。

SNSなど、無責任な匿名で他人を中傷するシステムは、際限のない自己主張をのさばらし他人を傷つける。最近やっと問題になっているようだが、これが民主主義社会で許されることだろうか。

みな曲解しているが、ツイートは政治家とか芸能人の自己宣伝の手段にすぎないことを理解すべきだ。

マスコミの取り上げ方の問題も大きいし、弊害も目立つ。

メディアが世論を形成する時代だからその責任は重い。より慎重にまた積極的であってほしいものだ。

なぜ日本はこんな事態になってしまったのか、やはりあるべき**理念**や**天下**の**正道**を失い、指導性のあるリーダーシップの欠如によるものだろう。

日本から真実や良心、節度とか尊敬、思いやりという言葉が消えていないだろうか。

本心は、こんな状態で純真な子供たちに引き継いでよいのだろうかと思っている。

これではまだ成仏する気になれない。


人生なんて自分のものなのに思い通りにはいかない。むしろなにか潮の流れに乗せられている宿命を感じる。

幼少期は恵まれた生活であったが、戦後の荒廃の中で父も無く頼る親戚も無く、資産も失い母は苦労していた。

今となっては、感謝の言葉の一つも言えなかったことが悔やまれる。

戦後の苦しい時代だっただけに、お互いに助け合うのは当たり前の時代だった。親戚や隣近所もお互いに気遣いし、心をくばり助け合うような人情の深さがあった。

回顧すれば、世話になったり応援してくれた人々の顔が浮かんでくる。しかしみなもう鬼籍に入っている。

今のわたしにできることは、少しでも社会に役立つ奉仕活動をするだけだ。お世話になったお返しをしたいと思う。

原爆被爆者のお世話と、学生たちへの「語り継ぎ」を継続したい。海外への発信も続けたい。

原爆テーマの木版画も継続し、心に響く作品を作りたい。自信をもって展示できるシリーズが出来たら、海外で展示会を開催するのが夢である。

今は世の中に何のしがらみも無い立場だ。元気な間は世に役立つ率直な提言を続けようと思う。

84歳の誕生日を迎えて　筆者

2020年7月19日

参考文献・資料

『被爆五十周年　広島市原爆被爆者援護行政史』
編集　広島市衛生局原爆被害対策部

『原爆犯罪　被爆者はなぜ放置されたか』
著者　椎名麻紗枝　（株式会社　大月書店）

『もはや高地なし　ヒロシマ原爆投下の秘密』
著者　F・ニーベル／C・ベイリー　（株式会社　光文社）

『ドクタージュノー武器なき勇者』
著者　大佐古一郎　（株式会社　新潮社）

『太平洋戦争とは何だったのか』
著者　クリストファー・ソーン　（草思社）

『他策なかりしを信ぜむと欲す』
著者　若泉　敬　（文芸春秋）

『内部被爆の真実』
著者　児玉龍彦　（幻冬社新書）

『ふたたび被爆者をつくるな』

日本被団協50年史　（あけび書房）

『放射線物理』

著者　大塚徳勝・西谷源展　（共立出版）

版画　筆者作品

祈　り

著者

長曽我部《ちょうそかべ》　久《ひさし》　(核問題研究家)

略歴

1936年　朝鮮京城府(現ソウル)生れ

1945年8月6日　広島原爆で父を失う。入市被爆

1955年　大阪府立高津高校卒業

1959年　関西学院大学経済学部卒業 国際経済学専攻

1959年　産業機械・建設機械製造販売会社に入社
取締役営業本部長・国内販売会社3社社長
システムエンジニアリング会社社長を歴任

2010年　熊本市原爆被害者の会会長

2014年　熊本県原爆被害者団体協議会会長

2016年　日本原水爆被害者団体協議会
九州ブロック代表理事

2019年6月　日本原水爆被害者団体協議会監査役就任
現在に至る

著作

2009年　評論「荒廃への警鐘」熊本県民文芸賞評論・ノンフィクションの部一席受賞

2014年　『世界的視点での「脱原発論」日本のとるべき道』(トライ出版)
オックスフォード大学ボドリアン図書館、ケンブリッジ大学図書館、東大駒場、東北大図書館などに収蔵

2016年　DVD「これは雲ではない」「This is Not a Cloud」を発刊　世界に発信

2019年　英文「原爆投下の真実」発刊
「The Reality Accompanying the Atom Bombings」

核兵器・宇宙戦争
岐路に立つ日本

発行日　2020年7月19日　定価1,400円＋税

著　者　長曽我部 久
発行者　小坂 隆治
発行所　株式会社トライ
〒861-0105
熊本県熊本市北区植木町味取373-1
TEL　096-273-2580
FAX　096-273-2542
印　刷　株式会社トライ
製　本　日宝綜合製本株式会社